Astrid Herbold

M.o.M.

Astrid Herbold

M.o.M.*

*Mutter ohne Mann

Warum Alleinerziehende
so verdammt glücklich sind

Marion von Schröder

Marion von Schröder ist ein
Verlag der Ullstein Buchverlage GmbH

ISBN-13: 978-3-547-71086-1
ISBN-10: 3-547-71086-3

Gesetzt aus der Goudy Old Style
Satz: Pinkuin Satz und Datentechnik, Berlin
Druck und Bindung: Clausen & Bosse, Leck
Printed in Germany

Für dich, Dimi

Inhalt

Ja, mach nur einen Plan!

Es ist ein weit verbreiteter Irrtum, dass romantische Paarbeziehungen und das Aufziehen von Kindern besonders gut zusammenpassen. Man stellt sich das immer so schön vor: Mama, Papa, viele Kinder. Und dazwischen wabert die Liebe nur so hin und her. In Wahrheit wabert da nicht viel. Weil in der Dreiecksbeziehung von Vater, Mutter, Kind nämlich immer mindestens einer stört. Und das ist ja wohl nicht die liebende Mutter. Und ganz sicher auch nicht das unschuldige Kind.

Trotzdem können die Paare das Kinderkriegen einfach nicht sein lassen, vor allem wenn die Zeit der gegenseitigen sexuellen Besessenheit erst mal vorbei ist und man dringend wieder ein Gesprächsthema und ein gemeinsames Hobby braucht. Was dann passiert, belegen ungefähr eine Trillion Studien: Die Mütter stillen, pausieren, übernehmen »erst mal« die häusliche Gestaltung der neuen Dreisamkeit. Die Väter arbeiten weiter, verdienen mehr Geld, kriegen eine Sekretärin. Im Gegenzug kriegen die Mütter Kind No. 2 und Papi spendiert zur Belohnung einen Zweitwagen und eine Spülmaschine. Und alles ist gut.

Aber pünktlich einmal im Monat – meistens in Verbindung mit ihrer neuerdings stark ausgeprägten prämenstruellen Depression – fragt sich die Vorstadt-Mama, wann genau sie ihren ursprünglichen Plan, dieses Familiending so ganz toll gleichberechtigt hinzukriegen, aufgegeben hat. Womöglich hat sie ihn in der gleichen Schublade versenkt wie die Diplomarbeit, die sie doch dieses Jahr wirklich endlich hatte fertig schreiben wollen. Was genau war ihr da eigentlich wieder dazwischengekommen? Ach so, ja, Trotzphase, Zahnspange, Windpocken, Mittelohrentzündung. Und auf einmal beschleicht sie das dumpfe Gefühl, dass ihr viel versprechendes junges Leben zu einer Sackgasse geworden ist, symbolhaft verkörpert von der verkehrsberuhigten Straße, die zu ihrem schmucken Reihenendhaus führt.

3 Jahre, 2 Seitensprünge und 37 Beziehungsratgeber später gibt es Haus, Rasenmäher und Einbauküche nicht mehr. Und Mama und Papa reden nur noch über ihre Anwälte miteinander. Oder über ihre Kinder.

»Sag Papa, er soll endlich Geld überweisen.«

»Sag Mama, sie könnte ihren dicken Hintern auch mal von der Couch heben und selbst arbeiten gehen.«

»Sag Papa, wenn er es wagt, diese Schlampe von Freundin zum Kindergeburtstag hierher mitzubringen, kann er was erleben.«

»Sag Mama, noch ist es ja wohl auch mein Haus und ich bringe mit, wen ich will.«

»Sag Papa, dass ich den Tag verfluche, an dem ich ihn kennen gelernt habe.«

»Sag Mama, ich auch.«

Angesichts dieser abschreckenden Beispiele, von denen man alleine 47 im näheren Bekanntenkreis hat, sollte man als Frau ernsthaft erwägen, diese beiden wichtigen Teilbereiche menschlichen Miteinanders – Kinder und Männer – grundsätzlich biografisch zu entzerren. Nichts spricht dagegen, sich im Alter von 15 bis 30 Jahren mit ein paar Liebhabern angemessen die Zeit zu vertreiben: ausgehen, tanzen, trinken, knutschen und über die vermeintlich vorhandene Seelenverwandtschaft spekulieren. Dann sollte man ein bis zwei Jahrzehnte lang alleine in friedlicher Ruhe seine Kinder großziehen. Wichtig ist dabei vor allem, dass man die Herren Seelenverwandten von Anfang an aus der Sache raushält. Wenn das gelingt, kann man getrost und glücklich mit seinem Babybauch durchs Leben spazieren.

Denn: Der Wille der Alleingebärenden ist allmächtig. Völlig vorurteilsfrei kann sie sich zwischen lila Gebärstuhl oder Wunschtermin-Kaiserschnitt in der Privatklinik entscheiden. Danach kann sie zwei Jahre lang voll stillen – weil's für Mama sooo schön praktisch und fürs Baby sooo gesund ist – oder schon im Wochenbett abstillen. Sie kann ihre Töchter ungestraft Sandy, Mandy oder Mimi, ihre Söhne Fritz oder Fratz oder Frankenstein nennen. Und ob sie die hoch begabte Sandy vorzeitig einschult oder das sensible Geschöpf bis zum achten Lebensjahr im Kindergarten spielen lässt – alles allein ihre Sache. Eine vorsätzlich Alleingebärende muss ihre Energie nicht damit vergeuden, mit einem Kindsvater zu zanken, der in familiären Belangen sowieso grundsätzlich nicht ihrer Meinung ist. Während sich hinter anderen Wohnungstüren die Väter und Ehemänner der Nation nach Feierabend bemüßigt fühlen, auch mal zwei Minuten aktiv in die Kinderaufzucht einzugreifen – »Mein Gott, Vera, musst du so einen genervten Ton haben? Maul' doch die Kinder nicht so an« – und die dazugehörigen Mütter sich wie jeden Abend auf die Lippen beißen, hallen keinerlei Kommentare ans Ohr einer Frau, die ihre Kinder ohne so genannte männliche Unterstützung durchbringt. Alleingebärende ohne Anbindung können pro Jahr fünfmal umziehen, sich vier Liebhaber nehmen oder drei Liebhaberinnen; sie können sich und die Kinder am Wochenende systematisch vor dem Fernseher parken oder alle neuen Medien rigoros aus der Wohnung verbannen; sie können das Abendessen täglich von McDonald's holen oder jeden Tag dreimal vegan kochen.

Ganz, wie es ihnen gefällt.

Und auch wenn es die Freunde der Bekannten, die Nachbarn der Verwandten, die Eltern der Eltern väter- und mütterlicherseits, der biologische Erzeuger und viele, viele andere pädagogisch vorgebildete Erwachsene nie für möglich gehalten hätten: Auch die Kinder von derart ungehemmt selbstherrlich agierenden Müttern werden meistens ohne Schaden und Verzögerung von Jahr zu Jahr größer. Und wenn sie eines Tages nicht mehr an Mamas Hand auf den Spielplatz gehen wollen, weil ihnen Mama mit ihren Zöpfen und bauchfreien Oberteilen langsam peinlich wird, dann ist für die glückliche Alleinerziehende die Zeit gekommen, sich wieder ein anderes Betätigungsfeld zu suchen. Etwa in Form eines geistreichen grauschläfigen Kavaliers, der das verstrichene Jahrzehnt seinerseits dazu genutzt hat, sich einen Weinkeller und ein Wochenendhaus zuzulegen.

So weit die Theorie. Die leider – seien wir ehrlich – mit dem Leben der meisten Singlemütter nicht viel zu tun hat. Mit 35 Jahren »allein stehend« mit Kindern zu sein, ist nicht ganz die Art Happy End, das man sich 13-jährig ausmalte, als man noch seine *Bravo*-Poster anschmachtete. Auch 16 Jahre später, als der Schwangerschaftstest zum ersten Mal den berühmten blauen Streifen zeigte, sah die Vision vom Glück noch anders aus. Da gab es noch einen Plan A in Sachen Familienplanung.

Plan A: Man wiegt sieben Kilo weniger als jetzt und wohnt mit einem schönen und klugen Mann und den drei gemeinsamen Kindern in einer sonnendurchfluteten Sieben-

Zimmer-Villa. Nachmittags tobt man mit den Kindern durch das parkgroße Gartenanwesen. Winters stiebt man mit ihnen die verschneiten Hänge der Alpen hinunter. Sommers sonnt man sich mit ihnen auf tropischen Inseln. Passend zu dem mit Antiquitäten und Designermöbeln stilvoll und dennoch gemütlich eingerichteten und mit viel Liebe zum Detail sanierten alten Haus, an dessen Südfassade sich wilder Wein hochrankt, hat man außerdem eine fulminante Karriere am Laufen, ist Deutschlands jüngste Professorin/Nachrichtensprecherin/Bildungsministerin, während der schön-kluge Ehemann, um den einen alle Frauen ständig beneiden, ein gut gehendes Landschaftsarchitekturbüro mit fünf Angestellten leitet. Daher auch der wunderbar verwunschene Garten mit seinem alten Baumbestand, dem Meer von Rosen, den weitläufigen Wiesen und dem sanft plätschernden Bächlein. In diesem Leben erster Wahl haben die Kinder (zwei Mädchen, ein Junge) selbstverständlich die vielfältigen Talente ihrer auch nach Jahren immer noch frisch verliebten Eltern geerbt und glänzen in Privatschule, Segelverein und Reitstall mit ihrer schnellen Auffassungsgabe, ihrem freundlichen Wesen und ihrer außergewöhnlichen Kreativität.

Zugegeben, Plan A war nicht ganz realistisch. Deshalb hatte man sich vorsorglich noch einen Plan B bereitgelegt.

Plan B: Man wiegt vier Kilo weniger als jetzt und lebt mit dem klug-schönen Mann in einer angemessen großen Vier-Zimmer-Wohnung in Hamburg/München/Köln/Berlin. Beide gehen interessanten Tätigkeiten im Bereich Medien, Kultur oder Wissenschaft nach. Die Ferien verbringt man in einer familiär geführten Pension in Südfrankreich, wo auch die Kinder ein herzliches Verhältnis zu den Kindern und Tieren der Gastgeber entwickelt haben. Zu Hause hat man einen dicken Kater, ein paar schöne alte Möbel (alles Schnäppchen vom Trödel) und jede Menge Bücherregale. Mit den Kindern, die ihren Vater und ihre Mutter gleichermaßen lieben, pflegt man einen freundschaftlich demokratischen Umgang, der in wöchentlichen Familienratssitzungen gipfelt.

Frisch verliebt und geschwängert war Plan B das Minimum an Erwartungen, die man 29-jährig an sein zukünftiges Leben hatte. Zwar lag die mit einfältigen Kiefernholz-Regalen möblierte Mietswohnung im ersten Stock und zur Nordseite, vor der Tür parkte nur ein rostiger Opel Kadett und der Mann, den sie demnächst zum Vater machen würde, war immer noch nicht ganz mit seinem Studium fertig. Das heißt, sie war noch nicht in allen Punkten zur Verwirklichung von Plan A oder B durchgedrungen. Aber – sie wähnte sich immerhin auf dem Weg dorthin. Außerdem – und war das nicht die Hauptsache? – hatten sie sich lieb und freuten sich auf das Kind. Der Rest würde sich schon ergeben.

Dazu kam, dass sie angesichts des blauen Streifens jetzt doch erleichtert war, sich nach Jahren des Frösche-Küssens für dieses verlässlich-freundliche Exemplar entschieden zu haben. Immerhin war er kinderlieb, höflich und vernünftig. Außerdem nahm er keine Drogen – den gelegentlich in Maßen konsumierten »guten Rotwein« nicht mitgerechnet –, hatte immer ungefragt die Hälfte der monatlichen Pillenrechnung bezahlt und kam das erste Mal auf das Thema Heiraten zu sprechen, als sein Bausparvertrag fällig war. Zugegebenermaßen machten ihn diese Eigenschaften auch derart langweilig, dass sie ihn letztes Jahr im Urlaub auf den Malediven gleich mit einem strunzdummen, aber waschbrettbäuchigen Tauchlehrer hatte betrügen müssen, was zu einer dramatischen Beichtszene, einer überstürzten Abreise, einer tränenreichen Versöhnung und damit doch noch zu ein wenig Aufregung führte.

Sechs Jahre später – der Kindsvater lud gerade seine letzten Umzugskisten in den Kadett – war sie sich nicht mehr so sicher, ob es nicht mit einem der anderen Frösche vielleicht doch besser gelaufen wäre. Vielleicht ja. Aber wahrscheinlich nicht. Denn in Wahrheit fangen alle Männer irgendwann an zu nerven. Erstens, weil sie angesichts des notorisch schreienden Säuglings grundsätzlich völlig absurde Thesen aufstellen, woran es dem frisch gestillten, frisch gewickelten und frisch ausgeschlafenen Kinde akut mangeln könnte. Während man als Mutter natürlich intuitiv automatisch genau weiß, was dem Kind fehlt. Zweitens, weil das Leben mit ihnen von Jahr zu Jahr weniger Ähnlichkeit mit Plan B, geschweige denn mit Plan A hat.

Wieder allein, muss sich eine Frau deshalb spätestens an ihrem 36. Geburtstag selbstkritisch eingestehen, dass der charakterlich hochinteressante, beruflich hocherfolgreiche und dabei verboten gut aussehende Landschaftsarchitekt samt Passat Variant, Golden Retriever und großzügigem Landhaus offenbar weiterhin auf sich warten lässt. Diese zentrale weibliche Erkenntnis löst allerdings nur bei den Kinderlosen eine mittelschwere Lebenskrise aus. Bei den Müttern unter ihnen wird der Gedanke schnell vom Geschrei von Kind No. 1 übertönt, dem gerade von Kind No. 2 etwas Schwerwiegendes angetan wurde: die liebevoll aufgebaute Ritterburg verwüstet, das Vorschulheft bemalt oder ein Bauklötzchen auf den Kopf gehauen.

Hektisch hinstürzend und dabei aus Versehen über ein kunstvoll errichtetes Playmobilmännchen-Ensemble fallend, das sie später auf den Knien rutschend mühsam wieder aufbauen wird – »Nein, Mama, nicht so, die standen ganz anders!« –, dämmert es ihr, dass sie sich mitten in Plan C befindet. Und dass dieser Plan C zwar mit Kindern, Männern, Wohnungen und Arbeit zu tun hat, aber nicht ganz in der Weise, wie sie es sich in Plan A oder B ausgemalt hatte. Trotzdem ist Plan C – zwei Kinder gekriegt, dabei sieben Kilo in fünf Jahren zugenommen und auch sonst in fast allen Punkten bei der Umsetzung von Plan B gescheitert – immer noch viel besser als Plan D: einsames Warten, dass endlich Plan A oder B losgeht, während durch eisernes Diäten mühsam das Gewicht gehalten wird. Denn anders als die unzähligen fest angestellten, kinderlosen Akademikerinnen, die Jahr für Jahr unerbittlicher auf die Menopause zusteuern und sich die Mutterschaft trotzdem weiter für ihren fiktiven zukünftigen Ehemann aufsparen, ist man als Plan-C-Frau wenigstens so schlau gewesen, einem der fehlerhaften Verflossenen ein paar Kinder auf- bzw. abzuschwatzen.

Wo da der Vorteil liegt? Das ist doch klar: Die Jahre des Wartens auf die Umsetzung von Plan A vergehen ungleich schneller, wenn einem eine Schar Gören dabei Gesellschaft leistet. Oder anders gesprochen: Niemand beneidet einen alternden Single, der seine großzügige Freizeit ständig mit einsamen Schaumbädern in dem 24 Quadratmeter großen Badezimmer seiner abbezahlten Eigentumswohnung verbringen muss, dabei teuren französischen Rotwein aus langstieligen Gläsern trinkt und melancholischen Gedanken und diffusen Sehnsüchten nach der wahren Liebe nachhängt.

Wie viel glücklicher ist da doch die Radio hörende Alleinerziehende, der zwischen zwei verschütteten Apfelsaftgläsern, die es schleunigst aufzuwischen gilt, ehe der PVC-Fußboden der gesamten Zwei-Zimmer-Mietwohnung klebrig ist, nie mehr als drei Sekunden Zeit für die selbstmitleidige Nabelschau bleiben! Und selbst wenn sie die Zeit hätte, würden ihr wenig Gründe einfallen, warum sie sich bedauern sollte. Hat sie nicht die coolsten Kinder? Und ein einigermaßen dichtes Dach über dem Kopf? Einen illegal angezapften Kabelanschluss, der sie nichts kostet? Und für heute Abend noch zwei Dosen Ravioli im Küchenschrank? Wunderbar. Was will man mehr. Es hätte doch wirklich schlimmer kommen können.

Bewerbung No. 1

Sehr geehrter Herr Meier,

ich möchte mich hiermit auf die von Ihnen ausgeschriebene Teilzeitstelle als Verlagsassistentin bewerben.

Ich bin 35 Jahre alt und habe kürzlich mein Studium der Romanistik abgeschlossen. Ich spreche fließend Englisch, Französisch und Spanisch und beherrsche alle gängigen Text-, Bild- und Datenverarbeitungsprogramme. Durch ein mehrwöchiges Praktikum während meines Studiums konnte ich bereits Einblicke in die Arbeit eines Verlags gewinnen.

Ich bin nicht nur seit Jahren eine aufmerksame und begeisterte Leserin Ihrer vielseitigen Buchveröffentlichungen, sondern interessiere mich auch sehr für die internen Abläufe bei der Herstellung und dem Vertrieb von Büchern. Gerne würde ich deshalb an den diversen Arbeitsschritten bei der Entstehung eines Buches aktiv mitwirken.

Ich hoffe, Sie sehen mir meine fehlende Berufserfahrung und meinen verhältnismäßig »späten« Studienabschluss nach – beides hängt mit meiner Familiensituation (ich bin Mutter von zwei Kindern) zusammen. Den Aufgabengebieten einer Verlagsassistentin würde ich mich mit umso mehr Motivation und Enthusiasmus stellen.

Über eine Einladung zum Vorstellungsgespräch würde ich mich sehr freuen.

Mit freundlichen Grüßen,
Astrid Herbold

Alles auf Anfang

Es gibt keinen einzigen Mann auf dieser Welt, der »unbedingt jetzt sofort« ein Kind will. Unbedingt jetzt sofort ein Kind wollen immer nur Frauen. Und das auch meistens erst nach ihrem 30. Geburtstag. Bis dahin wollen Frauen alles Mögliche: Designerunterwäsche, Kunstgeschichte als Zweitstudium, indirekt beleuchtete Wohnzimmerschränke, sechsmonatige Australienreisen. Auf gar keinen Fall aber wollen sie: ein Kind. Denn ein Kind, das wäre die totale Katastrophe. Das Ende der Welt. Das würde jetzt gerade gar nicht gehen. Weshalb schon der pure Gedanke an die Überfälligkeit der Monatsblutung gewöhnlich zu Herzrasen und nervösen Augenlidzuckungen führt. Zum Glück liegen die Nummern des Frauenarztes und der Dienst habenden Notapotheke immer bereit, falls man doch mal dringend die Pille danach brauchen sollte. Damit es aber gar nicht erst so weit kommt, hat man extra seinen Handywecker gestellt und nimmt seinen Ovulationshemmer jeden Tag auf die Minute genau ein.

Eines Tages aber passiert etwas Merkwürdiges. Die tägliche Pille in der Hand, hat man plötzlich keine Lust mehr, sie zu schlucken. Immer diese künstlichen Hormone, das kann doch auf Dauer nicht gut sein. Andererseits, Kondome findet man auch völlig unerotisch. Riechen komisch, fühlen sich blöd an, und dann diese technische Unterbrechung im Liebesspiel, absolut abtörnend. Vom Diaphragma ganz zu schweigen. Und noch eine Veränderung bemerkt die Frau an sich. Im Supermarkt schielt sie neuerdings neidisch in vorbeifahrende Kinderwagen mit geschmacklosen Bärchenmustern, bei denen sich ihr vor kurzem noch das Sushi im Magen umgedreht hat. Über die haar- und zahnlosen Babys auf dem Schoß fremder, dicker Frauen in der morgendlichen U-Bahn, für deren penetrantes Gequake sie früher nur strafende Blicke übrig hatte, bricht sie plötzlich in begeistertes Jauchzen aus. Neulich hat sie sogar mit einem von ihnen ihr Croissant geteilt. Und der Kleine hat sie dabei ganz süß angelacht. Und zum Abschied ganz lange Winke-Winke gemacht.

Überhaupt, auf einmal scheinen die Straßen nur noch von Schwangeren, Müttern und Kindern bevölkert. Überall beeindruckend gewölbte Ballonbäuche, kleine Würmchen unter gigantischen Federdeckenbergen und süße Frätze, die frech aus schnittigen Buggys herausgucken. Komisch, dass man die vorher nie gesehen hat. Will man womöglich auch ...? Aber nein, natürlich nicht. Noch nicht. Irgendwann, ja. Vielleicht. Bald. Mal.

Aber eigentlich ist es längst nicht mehr zu leugnen. Beim Sex spielt sie jetzt auch gerne mal russisches Roulette, selbst bei dem One-Night-Stand im Skiurlaub kann sich die emotional und biologisch gereifte Frau nur noch schwer zum Verhüten aufraffen. Sie hat offenbar alle gesunde Spermafurcht verloren. Dieser plötzliche Sinneswandel der weiblichen Libido hat übrigens wenig bis gar nichts mit dem Zustand oder der Existenz einer Beziehung zu tun. Wenn Frauen mal in die Phase von Leichtsinn oder Blindflug eingetreten sind, dann werden sie von Männern schwanger, die sie erst seit drei Wochen kennen, oder von solchen, von denen sie sich eigentlich schon vor Jahren trennen wollten. Und die ganz Verwegenen fahren vier Wochen alleine nach Jamaika.

Fest steht: Will eine Frau ein Kind, dann findet sie meistens schnell einen Weg, es auch zu bekommen. Im Zweifelsfall durch tägliches Anquengeln des Lebensgefährten, bis der seinen Widerstand entnervt aufgibt. Wenn man nun aber in einer so genannten modernen Beziehung lebt, in der wichtige Lebensentscheidungen selbstverständlich immer erst demokratisch diskutiert und auch nur dann umgesetzt werden, wenn die Zustimmung beider Beteiligter vorliegt, taugt dieses Verfahren nachträglich natürlich nicht als rationale, geschweige denn als romantische Erklärung der plötzlichen Schwangerschaft. In der Außendarstellung klingt es deshalb eher so: »Wir haben lange überlegt, unsere Beziehung gewissenhaft auf ihre Belastbarkeit geprüft, die berufliche und die finanzielle Situation realistisch durchkalkuliert und kamen zu dem Schluss, dass jetzt ein guter Zeitpunkt für ein gemeinsames Kind ist.«

Die Wahrheit ist: Sie ist auf einmal besessen von der Idee, Mutter zu werden. Ihre hängenden Mundwinkel und vorwurfsvollen Blicke, wenn wieder ein Monat sinn- und nutzlos verstrichen ist, ohne dass es zu der alles entscheidenden Empfängnis gekommen ist, sprechen Bände. Bald auch hofft der Mann sehnsüchtig nur noch das eine – dass es in diesem Zyklus bitte endlich klappen soll. Nur damit sie wieder bessere Laune hat. Und tatsächlich, kaum sind die ersten Spermien erfolgreich über die Ziellinie geschossen, tönt ihr stolzes »Stellt euch vor, wir sind schwanger« schon durch alle Telefone.

Wer stattdessen hochgezogene Augenbrauen und kritische Fragen fürchten muss, weil er den Erzeuger seiner

Leibesfrucht nur flüchtig kennt, redet sich mit einem »Unfall« heraus. Unfälle passieren schließlich laufend, vor allem mit Kondomen. Glaubt man den vielen Schwangeren dieses Landes, dann platzen die Dinger eigentlich unentwegt. Nicht viel mehr Verlass ist anscheinend auch auf medikamentöse Antikonzeptiva, die man zwar selbstverständlich immer regelmäßig genommen hat, die dann aber wohl irgendwie nicht richtig gewirkt haben. Warum, das kann man sich im Nachhinein überhaupt nicht erklären. Ist ja nun auch egal. Denn so oder so ist die werdende Mutter in der Regel sehr zufrieden mit ihrem Vorgehen und ihrem Zustand. Ihr versonnenes mondgesichtiges Dauerlächeln, das die Umwelt fälschlicherweise auf eine Überdosis Hormone zurückführt, heißt in Wirklichkeit: »Ätsch, jetzt hab ich endlich, was ich wollte.«

Jetzt hatte sie also, was sie wollte.

Aber wollte sie auch, was sie da auf einmal hatte? In Auszügen: Übelkeit, Sodbrennen, Wadenkrämpfe, Krampfadern, aufgedunsene Finger und Füße, Fetteinlagerungen an vormals schlanken Körperteilen – und alles nur mühsam kaschiert von beuligen braunen Schwangerschaftshosen, gegen die jeder Jogginganzug mühelos einen Schönheitswettbewerb gewinnen würde. Und wie sollte das alles weitergehen? An Arbeiten war seit Wochen nicht mehr zu denken – wegen Ischias, Nierenstau, vorzeitiger Wehen – und in allen 17 Kindergärten, in denen sie vorstellig geworden war, hatte sie auf die Frage nach einem Betreuungsplatz im nächsten Jahr nur Gelächter – in den Variationen von freundlich bis höhnisch – geerntet.

Abends, in einem circa dreiminütigen Gespräch mit dem Lebensgefährten über das Thema »Abgesehen davon, dass wir ganz tolle Eltern eines ganz tollen Babys werden – wie soll unser Leben konkret aussehen?«, war man sich schnell einig: Mit Kinder- und Erziehungsgeld und dem Geld, das er zusätzlich netto rauskriegen würde, wenn er das Kind ganz auf der Steuerkarte hätte, stünden sie auch nicht viel schlechter da als jetzt.

Er: »Ich würde ja auch zu Hause bleiben, aber von deinem Gehalt allein können wir nun mal nicht leben.«

Sie: »Ein bisschen weiterarbeiten würde ich schon gerne. Nur, wie soll das gehen, ohne Kindergartenplatz. Und bei einer Tagesmutter weiß man nie, an wen man da gerät.«

Er: »Und teuer sind die. Rechne das mal auf einen Monat hoch. Da würdest du nur für die Betreuungskosten arbeiten.«

Sie: »Außerdem, bei den vielen Allergikern in eurer Familie muss ich mindestens sechs Monate voll stillen. Da wäre das mit der Fremdbetreuung eh voll der Stress.«

Er: lächelt zustimmend, streichelt liebevoll erst ihre Wange, dann ihren Bauch, schaltet dann die Nachrichten ein.

Sie: macht ihr fünftes kleines Nickerchen an diesem Tag, während Marietta Slomka im Hintergrund die wichtigsten weltpolitischen Ereignisse des Tages verliest.

Was waren sie doch für ein harmonisches, kommunikatives Paar. Wie einmütig und unkompliziert sie die Versorgung des Kindes geregelt hatten – vorbildlich! Sie würde eine Weile zu Hause bleiben. Anders ging es eben nicht. Und auch wenn das von außen nach klassischer Rollenverteilung aussah – davon konnte natürlich überhaupt keine Rede sein. Er würde sich schließlich auch um Kind und Haushalt kümmern – nach Feierabend, am Wochenende und im Urlaub. Und nur weil sie in der ersten Zeit das Kind tagsüber vorübergehend allein betreute, war sie ja wohl noch lange keine Hausfrau. Nein, sie überbrückte lediglich die ersten Lebensmonate, bis das Kind in einem fremdbetreuungsfähigen Alter war. Und ganz ehrlich: Die Arbeit hatte sowieso nicht mehr so richtig viel Spaß gemacht in letzter Zeit. Bezahlung und Perspektiven waren mittelmäßig und die Kollegen gingen ihr an manchen Tagen mächtig auf den Geist. Dazu noch der Chef, also, eine gute Führungskraft war der nicht gerade. Immer nur mürrisch, und gelobt wurde man auch nie. Und wie er sie letztens wegen dieses verpatzten Mailings angemault hatte. Dabei hatte er den Text ja wohl freigegeben. Was konnte sie denn dafür, wenn immer alles auf den letzten Drücker passieren musste.

Jetzt warteten lebenswichtigere Aufgaben auf sie. Ein Baby. Ihr Baby. Das gemeinsame Wunschkind. Dem sie die Ankunft in dieser Welt so kuschelig und sanft wie möglich gestalten wollte. Für diese schöne Zeit, die sicher viel zu schnell vorbeiging, hatte sie sich schon viel vorgenommen. Babyschwimm- und -still- und -krabbel- und -spiel- und -turn- und -sing- und -bastel-Gruppen wollte sie besuchen, um das Kind best- und frühstmöglich zu fördern. Und die verbleibende Zeit zwischen den Kursen würde mit dem Kochen von ausgewogenen und hochwertigen Babymahlzeiten – natürlich nur mit: Gemüse vom Biobauernhof, Fleisch vom Biometzger, Brot vom Biobäcker und Nudeln vom Bio-Italiener – ebenfalls reichlich ausgefüllt sein. Das war vielleicht ein bisschen aufwändiger als Teletubbies und Fertignahrung, aber sie wollte sich später nicht vorwerfen müssen, es hätte dem kindlichen Hirn in den entscheidenden ersten Jahren an Vitaminen oder anregenden Reizen gemangelt.

Und außerdem – das weiß doch jeder! – schlafen Babys am Anfang ziemlich viel. Da könnte sie doch gut ein bisschen von zu Hause aus arbeiten. Nur ein paar Stunden die Woche, das ließe sich sicher einrichten. Nach der Geburt, wenn sie dann viel Zeit hatte, würde sie sich mal darum kümmern. Jetzt war es gerade schlecht, es gab ja noch so viel zu erledigen: Wickeltisch kaufen, Windelvorräte anlegen,

Stillbücher lesen, im Namensbuch blättern, kreative Geburtsanzeigekarten entwerfen, Strampler und Bodys waschen, bügeln, nach Größen und Farben sortieren, die Babywiege aufstellen, beziehen, sich umentschließen, wieder abziehen, noch mal neu beziehen. Sich gemütlich bummelnd und Eis essend in der Stadt über aktuelle Trends auf dem Kinderwagenmarkt informieren, alle Kinderwagen außer dem eigenen hässlich finden, vor allem aber diese obersüßen klitzebitzekleinen weißen Babysöckchen Stunde um Stunde versonnen anstarren ...

Am Ende von einundvierzigeinhalb langen Wochen – wobei die letzten eineinhalb trotz ausgiebigen Sockenanstarrens die unerträglich längsten ihres Lebens waren – wurde sie mit einer Fülle von Fehleinschätzungen über ihr zukünftiges Beziehung-mit-Baby-Leben in den Kreißsaal gerollt:

1. Kinder kriegen ist gar nicht so schlimm, wie immer alle sagen.
2. Und den Bauch kriegt man hinterher ganz einfach mit ein paar Sit-ups wieder flach.
3. Stillen ist die natürlichste Sache der Welt, deshalb auch gar nicht schmerzhaft, und schadet der Fülle und Spannkraft einer weiblichen Brust nicht im Geringsten.
4. Außerdem trinken Babys sowieso nur alle vier Stunden daran.
5. Babys schlafen immer und überall.
6. Man muss sie nur hinlegen.
7. Nicht stundenlang herumtragen.
8. Schon gar nicht mit dem Auto umherfahren.
9. Damit verwöhnt man sie nur unnötig.
10. Babys machen das Glück einer glücklichen Beziehung perfekt. Deshalb ...

10.1. ist es für eine glückliche Beziehung völlig unproblematisch, dass einer bzw. eine von beiden erst mal keine Lust mehr auf Sex hat, weil der verdammte Dammschnitt partout nicht heilen will.

10.2. ist es für eine glückliche Beziehung völlig unproblematisch, dass er tagsüber einer anstrengenden, aber herausfordernden Tätigkeit nachgeht, die für das ihn beschäftigende Unternehmen so unentbehrlich ist, dass sie immer bis lange in den Abend dauert – während sie seit fünf Uhr nachmittags das müde Kind mit dem üblichen »Papa kommt gleich« wach und bei Laune zu halten versucht hat.

10.3. ist es für eine glückliche Beziehung völlig unproblematisch, dass man jenseits von Babys Appetit und Verdauung – »Heute wollte er wieder kaum seinen Brei essen, fast eine halbe Stunde hab ich gebraucht, bis ich ein paar Bissen in ihm drin hatte«, »Aha« – kaum noch ein gemeinsames Thema hat. An diskussionswürdigen kulturellen Aktivitäten wie Kino, Theater, Konzert nimmt man nicht mehr teil und von seinem »Stress« im Büro will sie auch nichts hören.

10.4. ist es für eine glückliche Beziehung völlig unproblematisch, dass Mama von Tag zu Tag unzufriedener wird,

10.4.1. weil Mama immer noch keinen Kindergartenplatz hat und deshalb die Tage in öffentlichen Sandkästen totschlägt.

10.4.2. weil Papa jeden Abend später nach Hause kommt und es dann natürlich nicht mal schafft, auch nur die Spülmaschine auszuräumen.

10.4.3. weil Mama ihrer früheren Figur nachtrauert.

10.4.4. weil Papa neulich angedeutet hat, dass auch er Mamas früherer Figur nachtrauert.

10.4.5. weil Mama gerne wieder ihr eigenes Geld verdienen würde.

10.4.6. weil Papa neuerdings behauptet, Mama würde zu viel von »seinem« Geld ausgeben.

10.4.7. weil Mamas früheren Job jetzt diese ehrgeizige Ziege aus der anderen Abteilung macht, die, die sich früher schon so beim Chef eingeschleimt hat.

10.4.8. weil Papa schon wieder befördert wurde und für die 100 Euro, die er seitdem netto mehr hat, jetzt natürlich auch an den Wochenenden regelmäßig im Büro vorbeischauen muss. Das sei so üblich in leitenden Positionen, hat er ihr neulich erklärt.

10.4.9. weil, und das ist wirklich der Gipfel der Gemeinheit, das gemeinsame Wunschkind seine unerklärlichen Launen – Tobsuchtsanfall, weil Mama das Toastbrot in der Mitte durchgeschnitten hat; Tobsuchtsanfall, weil Mama das Toastbrot schräg durchgeschnitten hat; Tobsuchtsanfall, weil Mama das Toastbrot nicht durchgeschnitten hat; Tobsuchtsanfall, weil zu wenig Leberwurst auf dem Toastbrot ist; Tobsuchtsanfall, weil zu viel Leberwurst auf dem Toastbrot ist; Tobsuchtsanfall, weil keine Leberwurst auf dem Toastbrot ist – immer nur an Mama auslässt. Dabei ist es doch Mama, die jeden Tag klaglos das gemeinsame Wunschkind durch den Park fährt, damit sein Gehirn genug frische Luft bekommt. Und Mama ist es auch, die jede Nacht klaglos aufsteht, wenn das gemeinsame Wunschkind im Schlaf mal wieder seinen Schnuller verloren hat. Womit also hat diese Mama, die tagein, tagaus alles erdenklich Gute zu tun versucht, obwohl sie nicht selten den einsamen Wunsch verspürt, das gemeinsame Wunschkind aus dem Fenster zu werfen und sich selbst gleich hinterherzustürzen, so viel Undank verdient?

10.4.10. während das gemeinsame Wunschkind bei Papa, der ja wohl nur noch durch Abwesenheit und Untätigkeit glänzt, immer zuckersüß ist.

Mann, hat das wehgetan, dachte sie, als das Kind nach 23 Stunden, die ihr noch länger vorkamen als die letzten eineinhalb Wochen, endlich seinen Weg durch ihren Geburtskanal gefunden hatte. Aber das Schlimmste habe ich jetzt zumindest hinter mir. Jetzt bricht ein glückseliger Lebensabschnitt an.

Als sie drei Jahre später das gesamte Ausmaß ihres Irrtums bemerkt hatte, wurde es höchste Zeit, sich zu trennen.

Engel wie wir

Wer nie des Nachts um zwei aus seinem warmen Bette stieg, um dem merkwürdig vollmundigen Ruf eines Kindes »Mama, mir ist schlecht« zu folgen, wer nie die folgenden Stunden damit verbrachte, dem Kind Mund, Hals, Haut und Haare zu waschen und es ins eigene Bett umzubetten, wer nie würgend halb verdaute Essensbrocken aus Bob-der-Baumeister-Bettzeug geklaubt und Laken über dem Klo ausgewaschen hat, wer nie auf Knien im Hochbett, am Hochbett und ums Hochbett herum die übrigen rotbraunbröckeligen Kotzespritzer aufgewischt hat, wer nie nach solchen Taten gegen fünf Uhr früh ins Bett gewankt und Punkt halb sieben wieder aufgestanden ist, um die Erste beim Kinderarzt zu sein, wer nie noch Tage später den Geruch sauren Mageninhalts aus dem Kinderzimmer wegzuschrubben versucht hat, der weiß nicht, wie Muttersein wirklich schmeckt – und riecht.

Nicht nur wegen ihrer unleugbaren Qualitäten im Kotzeaufwischen sind Mütter die besten aller Menschen. Mütter sind edel, hilfreich und gut. Bärenstark, mutig, selbstlos. Einen ersten Vorgeschmack auf diese Charaktereigenschaften, die in der vormütterlichen Phase von zeitgemäßeren überdeckt waren – dem Weil-ich-es-mir-wert-bin- und dem Man-gönnt-sich-ja-sonst-nichts-Charakterzug –, hatte man schon während der Schwangerschaft bekommen, wenn nämlich der mitfühlenden Tränen kein Halten mehr war, sobald ein Kind über den Bildschirm tollte. Im wirklichen Leben waren sie einem dagegen immer noch ein bisschen zu frech und zu laut. Sobald aber im Fernsehen ein lachendes Kind einer lachenden Mutter auf den Schoß sprang oder ein weinendes Kind einer weinenden Mutter an die Schulter sank, oder womöglich ein lange verloren geglaubtes übergewichtiges Kind jenseits der 45 einer lange verloren geglaubten Mutter, die in der Zwischenzeit auch nicht gerade zu ihrem Vorteil gealtert war, in einer Nachmittagstalkshow linkisch in die Arme fiel, während der Moderator seinem Aufnahmeleiter das Zeichen gab, die bei solchen Anlässen übliche Kassette mit Heintjes »Mama« abzunudeln, um dann langsam in die Werbepause überzuleiten, dann ging auch auf der heimischen Couch ein werdendes Mutterherz über vor Kitsch und Rührung. Krimis dagegen, in denen bleich geschminkte, großäugige Kinder von fiesen Menschen hässlich behandelt wurden, konnte man neuerdings wegen permanenten Tränenschleiers nicht mehr sehen, geschweige denn psychisch verkraften.

Wer es noch nicht selbst erlebt hat: Die Mutterwerdung entspricht ungefähr einer mittelschweren Gehirnwäsche und führt über zähe Stunden am CTG, einen sechswöchigen Geburtsvorbereitungskurs bei einer Hebamme, deren Tonfall und Lieblingswort »sanft« ist, bis hin zu Blasensprung, Einlauf, Intimrasur. In dieser Zeit der freudigen Erwartung herrscht indes eine strikte Zwei-Klassen-Gesellschaft: Die Schwangeren mit Mann, zu diesem Zeitpunkt noch deutlich in der Überzahl, sitzen zu zweit beim Ultraschall – »Schatz, hier, guck mal, wie süß, es nuckelt am Daumen!« –, halten Händchen bei der Vorführung der Gebärwanne – »Schatz, guck mal, wie groß die ist, da würdest du sogar noch mit reinpassen!« –, massieren sich gegenseitig die dicker werdenden Bäuche während der Atmungs- und Entspannungsübungen – »Schatz, fühl mal, jetzt strampelt es gerade wieder!« – und halten sich für die großen Gewinnerinnen der Vereinigung.

Die männerlosen Kugelbäuche dagegen blättern beim Frauenarzt lustlos in Gratis-Ratgebern, auf deren Titelblättern blonde Grazien in weiten Kleidern und die dazugehörigen stattlichen Männer vor bunten Blumenwiesen gezeigt werden – wobei er ihr von hinten liebevoll um den gewölbten Bauch fasst. Die allein stehende Schwangere muss sich bei diesem Anblick fast übergeben. Übrigens zum siebten Mal heute. Und soweit sie sich erinnern kann, hat ihr dabei in den letzten Wochen niemand von hinten den Leib gestreichelt oder auch nur die Haare aus dem Gesicht gehalten.

Das unberechenbare Unwohlsein hält noch lange an. Bei der Kreißsaalbesichtigung steht sie deshalb ein wenig abseits hinter den 24 Händchen haltenden Paaren. Auch, um nicht zu viele neugierige Blicke auf sich zu ziehen. Zum Glück hat sie zumindest einen speziellen Geburtsvorbereitungskurs für Singles aufgetan, der zwar leider nur donnerstagabends und dreizehn Kilometer entfernt angeboten wird, aber dafür sind die Verlassenen hier unter sich. Alles in allem: ein gutes Gefühl. Seelenruhig rollt sie dort fremden Frauen bei den Partnerübungen genoppte Gummibälle über die breiten Rücken und sinnt über die Frage nach, welche der vielen hilfsbereiten Ich-kann-aber-echt-kein-But-sehen-Freundinnen sie mit ins Krankenhaus nehmen könnte. Und ob und auf welchem Weg sie dem flüchtigen Erzeuger hinterher eine Nachricht über die erfolgreiche Niederkunft zukommen lassen sollte.

Man ahnt es: Noch sind die zukünftigen Alleinerziehenden nicht besonders guter Hoffnung. Und noch wähnen sich die Frauen mit männlichem Anhang in der strategisch besseren Ausgangsposition. Beides wird sich jedoch bald ändern.

Zuerst einmal aber ist die An- oder Abwesenheit des männlichen Erzeugers ohnehin Nebensache, wenn man endlich in die kleinen Äuglein dieses blut- und schleimverschmierten neuen Menschleins blickt. Vorausgesetzt natürlich, das Menschlein macht die verklebten und geschwollenen Äuglein überhaupt auf und man selbst kann trotz vom Pressen geplatzter Innenaugenäderchen noch gut aus denselbigen gucken. Übrigens lautet die größte Hebammenlüge dieser Welt, das Säuglingskind würde der Muttermilch gebenden Mutter beim Brustnuckeln hochzufrieden und tief gebondet in die Augen schauen. Das ist nicht nur eine anatomische Unmöglichkeit, denn das Kind guckt wenn überhaupt beim Trinken geradeaus, sprich: auf den aus seiner Sicht gigantomanischen mütterlichen Warzenhof. Meistens aber hat es sowieso die Augen zu und schläft nach drei gierigen Zügen direkt wieder ein, um dann eine halbe Stunde später grimmig aufzuwachen und sich lautstark zu beschweren, dass man es nicht in Ruhe hat zu Ende trinken lassen. Dabei hatte Mami nur gewagt, die kleine Schlafpause für ein Kamillensitzbad und eine Quark-Packung – nicht im Gesicht! – zu nutzen.

Schwamm drüber. Außerdem – das ist einem schon beim heimlichen Belauschen der anderen Neumütter im Frühstücksraum der Wöchnerinnenstation klar geworden – geht es ab sofort nicht mehr um äußerliche Oberflächlichkeiten und oberflächliche Äußerlichkeiten. Hier, in den heiligen Hallen der unförmigen Ex-Babybäuche, der prallen Brüste in aufklappbaren Still-BHs, hier in dieser Welt der ausgewaschenen Bademäntel, der weißen Baumwollnachthemden und rosa Hausschuhe zählt nur noch eins: Man ist jetzt Mutter. Nicht Mama, Mutti, Mami, nein: Mutter. Mutter ist ein ehrwürdiges, strenges altes Wort, und der dazugehörige Verein, von dessen Existenz man bis dato noch gar nichts ahnte, ist es auch. Die Vereinssatzung ist so umfassend wie rigide und ihre Einhaltung wird noch sorgfältiger überwacht als das sonntägliche Rasenmähverbot in einer Schrebergartengemeinschaft am Stadtrand von Herne.

Die Regeln der ersten Tage, Wochen und Monate sind noch ziemlich eingängig und gelten gleichermaßen für die gebundene wie die ungebundene Neumama: Scheiß auf Mann, Haus, Pferd, Boot – du hast jetzt ein Kind. Und nur darauf konzentrierst du dein Interesse. So sollst du zum Beispiel zu jeder Tages- und Nachtzeit wissen, wie groß und schwer dein kleiner Liebling ist (aufs Gramm genau natürlich), wie alt (Monate, Wochen, Tage, Stunden), wann seine letzte Mahlzeit und wie sein letzter Stuhlgang (Farbe und Konsistenz) war. Und du sollst dich gerne darüber unterhalten wollen. Weiterhin sollst du die beste Babymimikinterpretin werden: Hat das kleine Mäuschen gerade gelacht, gegrübelt, stirngerunzelt, sich gefreut, gefürchtet, gewundert? Dein Kind sei von nun an dein Lieblingsbuch, seine aufmerksame Lektüre und die Deutung seiner tiefsinnigen Gesten für die ignorante Außenwelt deine wichtigste Aufgabe:

»Leon schreit, weil er Blähungen hat.«

»Leon schreit, weil er müde ist.«

»Leon schreit, weil er Hunger hat.«

Später sollst du die offizielle Stellvertreterin des kindlichen Willens auf Erden werden:

»Bitte nicht anfassen: Leon ist total überreizt.«

»Bitte nicht anfassen: Leon fremdelt gerade ziemlich.«

»Bitte nicht anfassen: Leon steckt sich immer so schnell mit Erkältungen an.«

Noch später sollst du zu seiner leidenschaftlichsten Anwältin werden:

»Tut mir Leid, dass Leon Laura gehauen hat, aber sie hätte ihm auch wirklich nicht seinen Lieblingsdinosaurier wegnehmen sollen.«

»Tut mir Leid, dass Leon Ludwig das Gesicht zerkratzt hat, aber Ludwig hat ihn vorher wahrscheinlich irgendwie provoziert.«

»Tut mir Leid, dass Leon Levin gebissen hat, er kompensiert damit seinen Ärger, weil er sich noch nicht so gut verbal auseinander setzen kann.«

Doch damit ist das Regelwerk des Müttervereins noch lange nicht zu Ende. Eine Menge anderer sinnvoller Anweisungen müssen von der edlen Mutter beherzigt und befolgt werden: Du sollst stets Taschentücher bei dir tragen. Du sollst geschälte Apfelschnitze in Tupperdosen bereithalten. Du sollst deinem Kind bei jedem Wetter Mütze und Strumpfhose aufdrängen, bis in die Sommermonate und bis zur Pubertät. Du sollst deinen Kinderwagen zweihändig schieben. Diese Regel gilt übrigens ausdrücklich nur für Mütter, nicht für Väter. Achten Sie mal darauf – Mütter schieben die Kinderwagen ihrer Kinder, wie sie die Autos ihrer Männer fahren: flachschuhig und zweihändig, konzentriert und aufmerksam, vorausschauend und defensiv. Das einzige Signal, das sie dabei aussenden: »Seht her, ich übe eine sehr ernste, verantwortungsvolle und tagfüllende Tätigkeit aus. Ich schiebe mein Kind durch die frische Luft.«

Männer dürfen Kinderwagen einarmig schieben, während ihre andere Hand lässig in der Hosentasche ruht oder – noch lässiger – eine Zigarette hält. Und sie schaffen es dabei trotzdem, auf außenstehende Beobachterinnen nicht wie böse rauchende Rabenväter zu wirken, sondern äußerst positive Signale auszusenden: »Seht nur, ich schiebe einen Kinderwagen, ich bin also ohne Zweifel ein liebender, sorgender, verantwortungsbewusster Vater. Und seht nur, ich schiebe ihn sogar einhändig, weil ich natürlich auch ein cooler liebender, sorgender, verantwortungsbewusster Typ bin. Und schaut her, eine Hand habe ich noch frei, da könnte ich noch locker nebenbei ein Handy bedienen, um erfolgreich meinem höchst interessanten Beruf nachzugehen. Oder ich könnte sogar, wenn ich wollte, eine Frau umarmen. Und vielleicht bist du bald die Glückliche ...«

Apropos, eine weitere wichtige Mütterregel lautet: Wer einen Mann hat, den er noch eine Weile behalten will, sollte ihn nicht zu oft alleine und einarmig den Kinderwagen spazieren fahren lassen.

Wenn man diese ersten Basisregeln verinnerlicht hat, kommen die anspruchsvolleren Lehrsätze, deren zentrale Bedeutung für den friedlichen Fortbestand der Menschheit niemand je zu bezweifeln gewagt hat: Du als Mutter sollst Kinder jeden Alters liebreizend finden, ihre Frageorgien sollen dir Inspiration, ihr Bewegungsdrang soll dir heilig, ihr Lachen Musik in deinen Ohren sein. Dein innigster Berufswunsch soll sein: Kinderbuchautorin. Und weil deine Mutterschaft eine so komplizierte wie ehrenvolle Aufgabe ist, darf so wenig kostbare Kindheitszeit wie möglich mit Fremdbetreuung verplempert werden. Nicht mal nahen Verwandten ist in dieser Hinsicht über den Weg zu trauen. Denn Mutterschaft funktioniert streng monokausal: Ergebene Mütter ergeben gute Kinder. Muntere, wohlerzogene, aufgeweckte, mitfühlende Wesen, die im Sandkasten gerne ihre Schaufeln und Bagger teilen, die zu Erwachsenen »danke« und »bitte« sagen, die sich am Telefon mit ihrem vollen Namen melden und derer man sich auch sonst nicht schämen muss. Denn wenn sich angesichts dieser Welt der Massenmörder und Kinderschänder, Terroristen und Neonazis, Arbeitsverweigerer und Arbeitsplatzvernichter, Regenwaldabholzer und Legebatterie-Eieresser irgendjemand schämen muss, dann sind es ja wohl die Mütter dieser Leute. Eindeutig waren das, pardon, klägliche Versagerinnen.

Bei aller Vorbildfunktion muss sich eine gute Mutter aber auch einen Rest krimineller Energie erhalten. Sie muss die Bilder, von denen ihr hochkreativer Spross ungefähr 400 Stück am Tag malt, nachts heimlich und leisen Fußes zum Altpapiercontainer tragen. Sie muss undefinierbare Überraschungseier-Plastikteilchen, mit denen das Kind zwar noch nie gespielt hat, gegen deren Entsorgung es sich aber mit der gesamten trotzigen Kraft seines jungen Lebens stemmen würde, verschwinden lassen. Von argwöhnischen Nachfragen und sich erhärtenden Verdachten – »Mama, hast du die etwa weggeschmissen?« – muss sie geschickt abzulenken verstehen: »Nein, natürlich nicht. Ich gehe doch nicht an deine Sachen.«

Darüber hinaus muss die fürsorgende Mutter lernen, alternde Weihnachtsmänner und Osterhasen nicht plötzlich, sondern Zentimeter um Zentimeter aus dem kindlichen Blickfeld zu rücken, um sie zuletzt unauffällig unter einer Schicht Kartoffelschalen im Mülleimer zu begraben. Und sie muss sich in der hohen Kunst des Geschenke-Verschenkens üben. Geschenke verschenken bedeutet nichts anderes als die Rückführung billiger Kinkerlitzchen, die der letzte Kindergeburtstag zuhauf angespült hat, in den ewigen Kreislauf des Weiterschenkens. Natürlich ohne dass das eigene Kind bemerkt, wie man die achte Packung Buntstifte, den 43. Schreibblock und das 219. Pixibuch einfach wieder verpackt und weitergereicht hat.

Diese vielen neuen Aufgaben im Leben einer Mutter erfordern zugegebenermaßen eine gewisse Opferbereitschaft. Man verliert womöglich Arbeitsplatz, Hobbys, Freunde. Aber man gewinnt ja auch viel: eine pflegeleichte Kurzhaarfrisur, haushohe moralische Überlegenheit gegenüber dem

Rest der egoistisch-hedonistischen Erwachsenenwelt und unzählige Lobeshymnen von familienpolitisch engagierten Feuilletonisten, die nicht müde werden, die Mühen und Anstrengungen der Mutterschaft wortreich zu würdigen. Und weil sie mit der Formulierung dieser wichtigen Artikel derart ausgelastet sind, konnten sie natürlich leider nicht selbst in die Elternzeit gehen. Da war es schon besser, dass die Frau zu Hause geblieben ist.

Aber welche Mutter wollte auch einen schnöden Redakteursposten gegen diesen Himmel auf Erden tauschen, der früher einmal völlig zu Recht Erziehungsurlaub hieß. Diese Welt voller rosaroter Kinderwangen und voll glockenhellem Kinderlachen, voller sanfter mütterlicher Liebkosungen, weicher Taschentücher und saftiger Apfelschnitze. Und voller zukünftiger Kinderbuchautorinnen. Backend, kochend, singend, spielend, schaukelnd, wiegend und Nase putzend vergehen die Tage wie im Flug. Nur die Anfängerinnen erkennt man gelegentlich noch am nervös wippenden Fuß beim vierzigsten Nachmittag in Folge auf dem Spielplatz. Aber das legt sich. Bald schon macht sich auch bei ihnen eine stoische Schicksalsergebenheit breit. Man hat ja auch wahrlich genug zu tun mit seiner neuen Vollzeitstelle als Motivationstrainer – »Komm! Versuch es noch mal! Das schaffst du!« – und Applausmaschine – »Bravo! Super! Ganz, ganz toll gemacht!« Und wenn sich die Schwermut einmal doch zu quälend aufs Gemüt legen will, findet sich bestimmt noch eine kleine Erledigung. Braucht das Kind nicht dringend ein süßes Mützchen? Oder ein niedliches Jäckchen? Ein putziges Latzhöschen? Man könnte ja mal versuchen, selbst etwas zu nähen, das ist billiger und langwieriger. Da geht der Nachmittag gleich viel schneller vorbei.

Bald hat man fast vergessen, dass es irgendwo da draußen noch ein Paralleluniversum gibt. Eine Welt, in der nicht permanent dicke gelbe Schleimrinnsale aus Nasenlöchern in Münder laufen und in der man nicht mit den Fäusten auf den Boden haut, wenn die Kekse allealle – Entschuldigung: verzehrt sind. Eine Welt, in der es Parfüm und Lippenstift und hohe Schuhe gibt. Und Männer. Ja, genau, es gibt ja auch noch Männer. Wenn man erst mal Mutter ist, vergisst man das leicht. Was sicher auch damit zu tun hat, dass man nur noch höchst selten welche sieht. Egal, ob man mit einem zusammenlebt oder nicht. Die Elternzeit ist in dieser Hinsicht ein großer Gleichmacher. Um nicht zu sagen: Versöhner. Nicht zwischen Mann und Frau, sondern zwischen Single- und Pärchen-Mama. In der weitgehend männerfreien Zone zwischen Abenteuerspielplatz und auf Allergien spezialisierten Homöopathen kommt es sogar zu regelrechten Verbrüderungsszenen: »Ich weiß genau, wie du dich fühlst. Ich bin ja unter der Woche quasi auch allein erziehend. Mein Mann ist sowieso nie zu Hause.«

Dass der Vergleich ein klein wenig hinkt, weil ja der abwesende Gatte immerhin ordentlich Geld für das nächste farblich aufeinander abgestimmte Petit-Bateau-Outfit des Nachwuchses mit nach Hause bringt, übergeht die großherzige echte Alleinerziehende bei dieser Gelegenheit geflissentlich. Immerhin sitzt man ja doch irgendwie im selben Boot. Während alle anderen Erwachsenen auf einem völlig anderen Dampfer sind.

Manchmal sieht man diese Menschen noch morgens auf der Straße von weitem, wenn sie, geduscht und frisiert, mit einem Lachs-Frischkäse-Bagel und einem Latte Macchiato in der Hand zu einem wichtigen Meeting eilen, während man selbst, unausgeschlafen, ungefrühstückt und ungeduscht, auf dem Rückweg vom Kinderarzt nur schnell noch zu Edeka flitzt, weil das kotzende Kind dringend Kamillentee und Zwieback braucht. Und während die Fraktion der Geduschten und Frisierten an diesem Tag in irgendeinem klimatisierten Konferenzraum souverän das Weltgeschehen lenkt, wird die Mutter später auf dem Spielplatz unter ihresgleichen eine erhitzte Debatte über den sinnvollen oder sinnlosen Einsatz von koffein- und zuckerhaltigen Brausegetränken bei Magen- und Darmverstimmungen führen. Die letzten Nachmittage waren übrigens interessanten Diskussionen zum Thema gaumenfreundlichste Schnullerform und saugfähigste Billigwindel gewidmet.

Überhaupt, wie sehr sie sich schon wieder auf die nette Parkbankrunde freut. Das sind jetzt alles ihre neuen besten Freundinnen. Man baut sich gegenseitig auf: »Du siehst ja heute echt schlecht aus.« Man teilt Ängste und Sorgen miteinander: »Ich hab auch kaum geschlafen. Leon hat nachts dreimal gekotzt.« Man leistet den nötigen Beistand: »Bist du sicher, dass es nichts Ansteckendes ist?« Man steht sich mit Rat und Tat zur Seite: »Was, Cola gibst du dem Kind, bist du verrückt?« Man tröstet sich gegenseitig: »Dein Leon hat echt dauernd was. Bin ich froh, dass Lisa so gut wie nie krank ist. Muss wohl an ihren guten Abwehrkräften liegen.«

Ja, Lisas legendäre Abwehrkräfte. Allen Umsitzenden ist es ein Rätsel, wie sie die aufrechterhält, bei der Ernährung. Lisas Mama füttert das Kind nämlich laufend mit Schokoriegeln, während den anderen Müttern Schrecken und Fassungslosigkeit ins Gesicht geschrieben stehen: Rohrzucker! Naschen zwischen den Mahlzeiten! Und nicht mal aus dem Bioladen! Einmal hat die Lisa-Mama sogar eine Fanta rausgeholt. In einer Nuckelflasche. Fanta! Nuckelflasche! Karies! Gaumenverformung! Mundfäule!

Lukes Mama, die hat ja früher mal Soziologie studiert, meinte neulich, es wäre ja auch kein Wunder, dass Lisa immer so rumzappelt. Muss ja hyperaktiv werden bei dieser permanenten Überzuckerung. Dabei sollte ausgerechnet die sich nicht als große Expertin aufspielen, denn bei ihrem kleinen Tyrannen hat sie auch nicht viel zu melden – »Er hat eben einen sehr starken Willen.« Letzte Woche hat sie ihr blödes Balg auf die Schaukel gesetzt und machte auch nach 15 Minuten immer noch keine Anstalten, es wieder runterzuheben. Obwohl mittlerweile fünf heulende Kleinkinder in der Schlange standen und auch mal schaukeln wollten. Selbst den freundlichen Hinweis von Lucas Mutter, dass dies doch ein Gemeinschaftsspielplatz und somit auch keine Privatschaukel sei, ignorierte die blöde Kuh. Fragte ihren willensstarken Luke nur mit leiser Stimme, ob er denn vielleicht mal runter möchte. Kopfschütteln. »Er möchte noch nicht runter. Soll ich ihn da etwa runterreißen?« Ja, nickten die Umstehenden. Aber das war dem verzogenen Einzelkind offenbar nicht zuzumuten. Wäre seelisch zu grausam gewesen.

Seitdem spricht die Luca-Mama übrigens nicht mehr mit der Luke-Mama, weil die Luca-Mama, das ist so eine ganz Gerechtigkeitsfanatische, die achtet immer penibel darauf, dass alles genau geteilt wird. Und dabei auch noch total umweltfreundlich ist. Bei denen zu Hause im Kinderzimmer stehen nur selbst geflochtene Körbe mit Muscheln, Stöcken, Federn, Eicheln und Kastanien rum. Und das Kind steckt immer von Kopf bis Fuß in lammwollenem, über die Jahre steinhart gewordenem Hippiezeug – »darf man nicht waschen, wegen der natürlichen Fettschicht in der Wolle«.

»Lass den Jungen – oder ist es doch ein Mädchen, kann man nicht so recht erkennen bei den schulterlangen Dreadlocks – erst mal in die Pubertät kommen, dann wird er-sie-es der Mutter das Strickzeug schon noch um die Ohren hauen«, sagt die Mutter von Lena und Ludwig immer. Dabei hat die selbst einen totalen Knall. Wenn jemand wagt, ihren dreijährigen Zwillingen ein Gummibärchen anzubieten, wollen sie gleich auf der Verpackung hinten im Kleingedruckten nachsehen, ob sie »E«s mit Zahlen dahinter finden. »Das darf ich nicht, da sind Farbstoffe drin.« Was »Pakteriän« sind, wissen sie auch schon, nämlich das, was an der Trinkflasche klebt, wenn schon jemand anderes daraus getrunken hat. Hochgradig giftig und gefährlich.

Aber, na ja, immer noch besser so als umgekehrt. Die Mutter von Laurin zum Beispiel, die setzt das Kind tagsüber regelmäßig stundenlang vor den Fernseher. Das machen die anderen zwar manchmal auch, würden es aber nie zugeben. Nur die Mutter von Louiza (»mit o, u und z«) und Loys (»mit o und y«) ist in Sachen Medien ganz rigoros, aber die kann ja eh keiner leiden. Schon weil die Kinder schrecklich altkluge Besserwisser sind, die dauernd damit angeben, dass sie schon »ganz toll« lesen und Geige spielen können.

Da ist einem ja selbst die Lilli-Mama lieber, die, die immer ohne Punkt und Komma redet, während die Kleine schüchtern und stumm daneben steht. Sie soll ja ganz schlimm Neurodermitis und Pseudokrupp haben. Ist bestimmt psychosomatisch, bei der dominanten Mutter. Erst gestern hat man sich darüber ausgiebig mit der Mutter von Linus und Lotta unterhalten. Die sieht übrigens echt magersüchtig aus. Und ihre Kinder sind auch ganz klein und bleich.

Ja, wo Mütter sind, da lasse man sich ruhig nieder. Man muss nur darauf achten, immer als Erste zu kommen und als Letzte zu gehen. Dann können sie nicht über einen ablästern. Nicht, dass man ihnen überhaupt einen Anlass bieten würde. Schließlich sind das Leon-Kind und die Leon-Mama nach eigener Ansicht ziemlich perfekt. Nicht zu dick, nicht zu dünn, nicht zu lasch, nicht zu streng, nicht zu aggressiv, nicht zu schüchtern. Genau richtig halt. Bis auf den kleinen Makel, dass sie nur zu zweit sind. Aber das weiß man hier auf dem Spielplatz sowieso. Weil: Kaum eine von den anderen Mamas konnte sich damals, als man sich beim Babyschwimmen kennen lernte, länger als eine Woche auf die neugierige Zunge beißen, bevor sie betont beiläufig die entscheidende Frage stellte: »Und zu seinem Vater hat der Leon gar keinen Kontakt?«

Die meisten begnügten sich mit einem freundlichen »Nein«. Nur ein paar besonders Mitfühlende, darunter die Verhungerte und die mit den nervigen Geigenkindern, wollten sich damit partout nicht zufrieden geben: »Das kann ich mir ja gar nicht vorstellen. Dass sich ein Vater nicht für sein Kind interessiert. Wie konntest du denn an so einen geraten?«

»Keine Ahnung. War wohl was rein Chemisches zwischen uns. Du weißt schon, die geheime Anziehung der Intimgerüche und Körperflüssigkeiten. Und natürlich war der Sex exorbitant.«

Sie fragten dann übrigens nie wieder. Sondern guckten einen seitdem immer mit so einer Mischung aus Erstaunen und Neid an. Wahrscheinlich malten sie sich dabei ängstlich aus, was man über ihre glatzköpfigen Versicherungsvertreter-Ehemänner dachte. Und sagte.

Apropos Neid: Bald gab es noch einen sehr viel reelleren Grund, warum die Verheirateten missgünstig zur Single-Mutter rüberschielten. Als nämlich Post vom Bezirksamt kam. Stolz wedelte die Leon-Mama mit dem Brief in der Hand: Ja, stand dort, man sähe sich in der Lage, das Kind ab kommender Saison in einer städtischen Kindergarteneinrichtung aufzunehmen, weil, wie von Seiten der Frau Mutter durch etliche Belege glaubhaft nachgewiesen, tatsächlich großes Alleinerziehenden-Elend und höchste Dringlichkeitsstufe für eine Fremdbetreuung vorlägen. Da wurde den anderen Mamas, die alle eine Absage bekommen hatten, langsam klar, dass Leon nicht nur diesmal das Rennen um den heiß ersehnten Platz gemacht hatte. Sondern ihnen aller Voraussicht nach in 4 Jahren auch den Hortplatz, in 10 Jahren den Platz im Hochbegabten-Gymnasium und in 17 Jahren den Platz an der Elite-Uni wegschnappen wird. Weil die Kinder der verdammten Alleinerziehenden einfach immer und überall bevorzugt werden.

Und während sie heimlich darüber nachdachten, ihre Ehen zu annullieren, ihre Bedarfsgemeinschaften aufzulösen, Arbeitsverträge zu fingieren und Studienbescheinigungen zu fälschen, um ebenfalls in den Genuss eines Betreuungsplatzes zu kommen, heuchelten sie der Leon-Mama gegenüber lautstark Freude. Aber auch leise pädagogische Besorgnis.

»Wie du das jetzt schon kannst, dich von deinem Kind trennen – also ich kann mir das noch gar nicht vorstellen.«

»Ist das noch so wie in der DDR, dass schon die Einjährigen stundenlang auf dem Töpfchen sitzen müssen?«

»Bieten die auch Naturkunde- und Englischunterricht für Zweijährige an? Das wäre mir persönlich ja wichtig.«

»Und wie sind die anderen Eltern so, sind das auch alles, eher, äh, sozial Schwache ...«

Ja, antwortete die Gefragte, das sind auch alles arme Mütter in großer Not, die arbeiten gehen wollen, äh: müssen. Müssen. Müssen. Weil es kein anderer für sie tut. Leider, leider.

»Ihr könnt mir glauben, es fällt mir auch sehr, sehr schwer, Leon jetzt schon abzugeben. Und wie ich diese Vormittage mit euch hier auf dem Spielplatz erst vermissen werde«, seufzte die arme Alleinstehende zum Abschied laut, damit es auch wirklich alle Umsitzenden hören konnten. Im Stillen aber dankte sie Gott im Himmel, dass er ihr in seiner unendlichen Weisheit keinen irdischen Ernährer geschickt hatte. Und brachte ihr Kind von nun an jeden Morgen in einen backsteinernen Kindergarten mit großer Gartenanlage, viel wertvollem Holzspielzeug und noch mehr kuschelig-dicken Kindergärtnerinnen – wobei das Leon-Muttersöhnchen nur ganz selten herzerweichend heulte, und das auch nur, bis die Leon-Mama doch ein bisschen schuldbewusst um die Ecke gebogen war.

PS: Es wurde dann mit den Jahren übrigens immer besser. Kein Elternabend verging, auf dem sich die Alleinerziehende nicht durch eine winzige Andeutung ihrer schwierigen Lebenssituation erfolgreich vor dem Backen von Schokoladenkuchen, dem Basteln von Martinslaternen, dem Organisieren von Herbstfesten, dem Umgraben von verwilderten Schulgärten, dem Besorgen von originellen Weihnachtsgeschenken für die Klassenlehrerin, dem Produzieren von ambitionierten Hörspielen für die Projektwoche, dem Schreiben, Abtippen, Kopieren, Verteilen von Elternbriefen, Adresslisten, Protokollen usw. drücken konnte.

»Ihr wisst ja, ich würde diesmal wirklich wahnsinnig gerne auch mithelfen, aber ich weiß einfach nicht, wann und wie ich das schaffen soll.«

Und alle anderen konnten nicht anders, als Jahr um Jahr verständnisvoll zu nicken. Und unterm Tisch wütend die Faust zu ballen.

Bewerbung No. 17

Sehr geehrter Herr Müller,

ich möchte mich hiermit auf die von Ihnen ausgeschriebene Stelle als Projektmitarbeiterin in der Abteilung Public Relations bewerben.

Durch diverse Praktika habe ich in den letzten Jahren ausreichend Einblick in die unterschiedlichsten Branchen gewonnen und bei der eigenständigen Betreuung von Projekten viele wichtige Erfahrungen sammeln dürfen. Ich glaube deshalb sagen zu können, dass mich mein bisheriger beruflicher Werdegang für die ausgeschriebene Stelle hervorragend qualifiziert.

Gerne würde ich mich den vielfältigen Herausforderungen in Ihrem Unternehmen stellen. »Eigenständiges, verantwortungsbewusstes Arbeiten in einem engagierten Team« – wie Sie es in Ihrer Anzeige formuliert haben – entspricht sowohl meinen Wünschen als auch meinen Fähigkeiten. In mir werden Sie die »freundliche und zuverlässige« Mitarbeiterin finden, die Sie für die in meinen Augen hochinteressante Position suchen.

Bitte wundern Sie sich bei der – wie ich zu hoffen wage – wohlwollenden Durchsicht meiner Unterlagen nicht über die kleinen Lücken in meinem Lebenslauf: Es handelt sich dabei lediglich um die Jahre, in denen ich meine zwei Kinder bekommen habe. Selbstverständlich habe ich mich schnellstmöglich um eine Ganztagsbetreuung in einem städtischen Kindergarten bemüht, die mir nach dreijähriger Wartezeit nun auch in vollem Umfang zugeteilt wurde. Unverzüglich habe ich danach die Arbeitssuche wieder aufgenommen sowie meine Chancen auf dem Arbeitsmarkt erneut durch Hospitanzen zu erhöhen versucht.

Mit ähnlichem Eifer möchte ich demnächst auch in Ihrer Firma wirken dürfen, möchte meine direkten Vorgesetzten tatkräftig bei der Bewältigung der täglichen Aufgabenflut unterstützen, mich im Kreise der Kollegen als hilfsbereite und kooperative Mitarbeiterin beliebt machen, möchte mit meiner ungeteilten Aufmerksamkeit und all meiner Arbeitskraft zur Gewinnoptimierung Ihrer Firma beitragen.

Ich verbleibe in Erwartung Ihrer positiven Antwort und freue mich schon jetzt auf die Einladung zu einem konstruktiven Vorstellungsgespräch, bei dem ich Sie persönlich kennen lernen und noch mehr Details über das Profil der Stelle erfahren darf.

Mit freundlichen Grüßen,
Astrid Herbold

Schöner wohnen

Seit Kadett und Kadett-Besitzer weg sind, ist in Mamas Leben erstaunlicherweise alles unkomplizierter geworden. Na ja, zugegebenermaßen vielleicht nicht alles: Das morgendliche Duschen ist jetzt ein bisschen schwieriger, weil vorher immer der Laufstall samt Kleinkind ins Bad bugsiert werden und beim Duschen der Duschvorhang geöffnet bleiben muss, damit der trennungsbange Nachwuchs mit seiner Mutter Blickkontakt halten kann. Aber ansonsten ist wirklich alles einfacher. Vor allem das mit dem Haushalt.

Dass an der Instandhaltung einer mittelgroßen Wohnung sowie der Beschaffung und Zubereitung von Nahrungsmitteln jemals etwas kompliziert sein könnte, hätte sie sich vor zehn Jahren auch nicht träumen lassen. Damals, als sie noch kompetenter Single und faule Studierende war, kannte sie das Phänomen Hausarbeit faktisch gar nicht. Maximal zweimal im Monat wurde eingekauft – was sich aber nie in mehr als zwei Einkaufstüten niederschlug und selten über dreißig Mark kostete –, einmal im Vierteljahr wurde die graue Auslegware gestaubsaugt, alle zehn Jahre wurden die Fenster geputzt (sprich: während der gesamten universitären Laufbahn nicht ein einziges Mal) und im Schnitt alle drei Wochen die verstaubte Waschmaschine angeworfen. Außer wenn das Bett nach einem erlebnisreichen Wochenende dringend abgezogen werden musste, dann konnte auch mal ein zusätzlicher Waschgang nötig sein. Damals also, als sie noch so hochmütig war, sich »jung« und »unkonventionell« vorzukommen – weshalb sie ihre Mutter insgeheim ein wenig dafür verachtete, dass sie jahrzehntelang klaglos die Edelstahltöpfe hervorgeholt, vollgekocht, leergekratzt, gespült und wieder im Einbauküchenschrank verstaut hatte –, damals konnte sie sich in ihren kühnsten Träumen nicht vorstellen, dass auch das eigene ausgeflippte Leben eines Tages zu einem Abarbeiten von Putz- und Besorgungslisten verkommen würde.

Heimtückisch und schleichend war die Verwandlung vor sich gegangen: Erst war da dieser nette Mann, in den sie schrecklich verliebt war und der es offenbar ebenfalls war – jedenfalls ging er plötzlich in der Wohnung ein und aus. Abends kam er fast immer, am Wochenende sowieso. Dass Schlafen, Essen und Fernsehen irgendwie immer bei ihr stattfanden, hatte keinen tieferen Grund. Bei ihr war es halt einfach ein bisschen gemütlicher. Meistens waren Klopapier, Nudeln und Tomatensauce vorrätig, während der Kühlschrank seiner Männer-WG immer leer war und immer komisch roch. Ob es zwischen diesen beiden Tatsachen einen kausalen Zusammenhang gab, konnte nie zweifelsfrei geklärt werden. Irgendwann jedenfalls stand sein zweites Paar Schuhe im Flur und eine Wochenration frischer Unterhosen und Pullover wurde provisorisch in ihrem Bücherregal deponiert. Ach, und seine dreckigen Socken lagen gelegentlich auf dem Fußboden rum. Natürlich hob er sie damals noch umgehend auf, wenn sie ihn darum bat, und versäumte es auf dem Weg zur Socke nie, einen zarten Kuss auf die Wange der Geliebten zu hauchen. Aber sie bat ihn selten – sie war schließlich voll in love und nicht in der Stimmung, so profane Worte wie »deine Socken« zu sagen. Stattdessen fing sie schließlich an, die Socken der Einfachheit halber mitzuwaschen.

»Das musst du wirklich nicht machen«, säuselte er gespielt empört, als es ihm auffiel.

»Das macht doch überhaupt keine Mühe«, säuselte sie zurück.

Die ersten Jahre vergingen. Die erste Verliebtheit auch. Die dreckige Wäsche aber blieb und machte jetzt Mühe. Denn zu den Socken waren die Hemden und Hosen, die T-Shirts und Handtücher gekommen. Die Waschmaschine war im Dauereinsatz. Auch, weil er einen echt nervigen Sporttick hatte, viermal die Woche zum Training, das ist doch nicht normal. Und dann sein Appetit. Es beeindruckte sie nachhaltig, was ein Mann so alles essen kann im Laufe eines langen Tages. Wahrscheinlich lag sein unstillbarer Hunger auch daran, dass er die Hälfte der Mahlzeit unter den Tisch zu krümeln pflegte. Jedenfalls musste auf einmal ständig eingekauft und ständig gesaugt werden. Und weil man anfangs in ihrer Wohnung lebte, blieb das automatisch weiter ihre Aufgabe.

Immerhin tat er ja auch etwas. Nicht gerade waschen oder putzen, auch nicht einkaufen oder bügeln, nein, aber er brachte ab und zu – für ihren Geschmack allerdings viel zu selten – Altpapier und Altglas weg, besorgte das Bier, das er dann selbst trank; er bohrte gelegentlich Löcher für neue Küchenregale in die Wände, und einmal baute er einen neuen Putzschrank für ihre vielen Flaschen und Eimer auf. Wenn er einen außerordentlichen Anflug von Romantik verspürte, hängte er sogar die Wäsche ab. Aber alles andere war anscheinend in ihre Zuständigkeit übergegangen. Selbst die Verhütung. Nicht dass die Pille viel Mühe machte, aber trotzdem war es doch immer sie, die sich nun in regelmäßigen Abständen stundenlang den Hintern im Wartezimmer des Frauenarztes platt sitzen musste.

Apropos stundenlanges Warten in der Frauenarzt-Praxis – als die Kinder kamen, erweiterte sich ihr häuslicher Tätigkeitsbereich sprunghaft ins Unermessliche. So klein und unschuldig diese Kreaturen auch aussehen, Dreck und Müll produzieren sie in absurdem Ausmaß. Ergo: Es wurden noch mehr Ober- und Unterteile, die zu waschen, aufzuhängen, wegzuräumen waren. Noch mehr Bananen, Papiertaschentücher, Roggenbrote mussten angeschleppt werden. Noch mehr leere Apfelsaftflaschen, Milchkartons, Nutella-Gläser mussten entsorgt werden. Noch mehr kleine und große Menschen kleckerten Kakao auf die Tischdecke, bröselten Knäckebrot hinein, spuckten Griesbrei obendrauf und verteilten das Ganze dann blitzschnell großflächig über Tische, Stühle, Bänke und Böden.

Sie legte den Spüllappen kaum noch aus der Hand. Höchstens, um den Handfeger hervorzuholen. Oder den Wischmopp. Sie fing an, sich wie eine – igitt! Hilfe! – Hausfrau vorzukommen. Und noch schlimmer: Sie fing an, sich wie eine frustrierte Hausfrau vorzukommen. Bei jedem Handgriff – und es waren viele, viele Hangriffe im Laufe eines Tages, einer Woche, eines Monats – murrte ein ehemals total unkonventionell-ausgeflipptes Fräulein in ihrem Ohr: Wer bin ich denn, dass ich hier alles wegmache … warum muss ich immer … könnte doch auch mal er … hat der heute überhaupt schon einen Finger krumm gemacht …

Sie startete verschiedene Versuche der Umerziehung. Sie schrieb ihm Einkaufszettel, die er dann nicht einsteckte, weil er Einkaufszettel wahnsinnig spießig fand. Was zur Folge hatte, dass er – statt Biofrischmilch, Vollkorntoastbrot, Windeln Gewichtsklasse 7–18 kg und magerem

Kräuterkäse – Schafskäse, Knoblauch, Ingwertee, Klopapier und Kinderzahnpasta mit Erdbeergeschmack (»Die kannst du gleich wegschmeißen. Du weißt doch, dass die Kinder nur die nehmen, auf der Ernie und Bert drauf sind!«) mitbrachte. Sie stellte Putzpläne auf, die er boykottierte, weil er Putzpläne noch spießiger fand als Einkaufszettel – »Warum soll ich putzen, wenn hier noch alles sauber ist?«.

Sie legte die Hausarbeit eine Woche lang kommentarlos nieder, nahm sie dann aber wieder auf, als die Kinder keine sauberen Unterhosen mehr hatten. Sie bezweifelte, dass er es überhaupt gemerkt hatte.

Sie rief den Babysitter nicht rechtzeitig an, als sie gemeinsam zu einer Ausstellungseröffnung eingeladen waren. Und weil er es natürlich auch nicht tat – »Wieso sollte ich, du machst das doch sonst auch immer, wie kann ich ahnen, dass ich es diesmal machen sollte?« –, fiel die Vernissage aus und sie redeten zwei Tage lang nicht miteinander.

Sie begann die Kinder als Waffen einzusetzen. Er tat nicht, wie sie ihm geheißen hatte? Na gut, dann musste sie eben übermorgen am frühen Abend dringend weg. Auf seine Nachfrage murmelte sie etwas von Vorstellungsgespräch, Friseur, Zahnarzt oder so ähnlich, er hörte ihr ja sowieso nicht zu. »Da kann ich die Kinder natürlich nicht mitnehmen, das macht doch keinen guten Eindruck, oder was meinst du, Schatz?«

Also musste er früher nach Hause kommen. Sie ließ das Baby extra keinen langen Mittagsschlaf machen, damit es nachmittags besonders müde und quengelig war. Und natürlich schrie es schon, als Mama die Wohnung verließ. Oh, das tat ihr aber Leid. Sollte er doch zusehen, wie er es wieder beruhigte. Waren doch auch seine Kinder. Und die würden ihn schon ausgiebig quälen, auf die war Verlass. Und ins Bett kriegen würde er sie schon gar nicht, weil er ja die komplizierten Abendbrot- und Einschlafrituale nicht kannte. Was natürlich auch seine Schuld war, er könnte ja auch abends mal ein bisschen früher nach Hause kommen.

Als sie gegen elf Uhr nachts siegesgewiss die Wohnung betrat, lagen Mann und Kinder Arm in Arm schlafend auf der Couch vor laufendem Fernseher, während auf dem Wohnzimmertisch die erkalteten Reste vom Pizzabringdienst verteilt waren. »Wir hatten einen total netten Abend«, flüsterte ihr Mann, noch nicht ahnend, wie viel geballte weibliche Wut ihn in der nächsten Sekunde treffen würde: Was ihm einfiele – die Kinder so lange aufbleiben zu lassen, wo sie doch morgen wieder früh aufstehen müssen, und überhaupt, einschlafen vor dem Fernseher, wo gibt's denn so was, und sie vorher womöglich nicht mal gewaschen und ihnen die Zähne geputzt zu haben, und wer das wohl morgen wieder alles ausbaden müsse, wenn es dann hieße »bei Papa mussten wir auch nicht«. Oder ob jetzt jeden Abend Fastfood bestellt und vor der Glotze genächtigt werden solle. Und wie es hier aussehe, ob man ihn denn nicht mal einen Abend mit den Kindern alleine lassen könne. Das Chaos hier könne er jetzt jedenfalls alleine beseitigen, sie gehe ins Bett.

Tagelang konnte sie kaum sprechen vor Wut. Nur im Kopf wurden auf einer Strichliste unermüdlich seine weiteren Vergehen notiert: schon wieder das Geschirr nicht in die Maschine geräumt, schon wieder die Milch nicht weggestellt, schon wieder die stinkende Windel auf dem Wickeltisch liegen gelassen, schon wieder Zahnpasta im Waschbecken verschmiert, schon wieder den Kindern die schlammigen Schuhe nicht vor der Tür ausgezogen. Er meinte wohl, das mache sich hier immer alles von alleine! Er dachte wohl, sie sei hier das Dienstmädchen!

Übrigens, er dachte nicht und meinte nicht. Sein Hirn quälten ganz andere Fragen: Wohin war die Frau verschwunden, die ihm lächelnd jedes verschwitzte T-Shirt aus der Hand gerissen hatte, um erst eindeutig-zweideutig daran zu schnuppern und es dann beiläufig in die Waschmaschine zu katapultieren, während sie mit ihm zusammen unter die Dusche stieg? Die Frau, die abends mit drei gekonnten Handgriffen aus schrumpeligen Küchenabfällen köstliche Aufläufe kreiert und sie dann lächelnd mit ihm zusammen verzehrt hatte, um ihn danach eindeutig-zweideutig zum Nachtisch rüber ins Schlafzimmer zu ziehen? Die Frau, die sich morgens im Halbschlaf eindeutig-zweideutig an ihn geschmiegt hatte, statt ihm die warme Bettdecke mit den harschen Worten »muss in die Wäsche« wegzuziehen? Wann und vor allem warum hatte sich diese unzweifelhaft zweideutige Frau in ein eindeutig griesgrämiges Putzmonster verwandelt?

Sie konnte sich ihm zu Leb- und Beziehungszeiten nicht verständlich machen. Denn das Grässliche an der Haushaltung ist nicht der Zeitaufwand und nicht die körperliche Anstrengung. Es ist der immense intellektuelle Aufwand. Die harte Schule des geübten Blickes und des lückenlosen Gedächtnisses. Es ist das deprimierende Talent, morgens im Bett liegend statt Sonnenschein schlammverspritzte Fensterscheiben wahrzunehmen. Es ist die Anhäufung von absurdem Wissen. Zum Beispiel, welche Steckdose der Wohnung sich am besten zum Staubsaugen eignet, weil sie den größten Aktionsradius hat. Oder mit welcher Taktik der Gefrierschrank am schnellsten abgetaut und gleichzeitig ausgewischt werden kann. Oder welcher der dreizehn vorhandenen Putzlappen den Badezimmerspiegel am schlierenfreiesten reinigt. Es ist die Summe aller Turnbeutel (muss heute mit in die Schule genommen werden), Klavierlehrerstundensätze (Geld für Klavierunterricht nicht vergessen), schwiegermütterlichen Geburtstagsgeschenke (wir sind doch am Sonntag zum Kaffee eingeladen), U6-Vorsorgetermine (dringend machen, sonst ist es zu spät), Tagesausflüge mit Tagesmüttern (Achtung: früher hinbringen, Regenjacke und extra Hose einpacken, früher abholen) plus die Summe aller Erledigungen, die man zur eigenen Entlastung ihm aufgetragen hatte und die es im Verlauf ihrer meist schleppenden Umsetzung ständig nachzukontrollieren gilt.

Innenansicht eines Mutterhirns kurz vor dem Einschlafen: Morgen Obst, Vanillejoghurt, Margarine, Gouda kaufen – könnte er eigentlich machen –, nein, besser nicht, bringt doch wieder die falsche Joghurtsorte mit –, Wäsche aufhängen – hätte er ja machen sollen, hat es natürlich wieder vergessen, jetzt liegt das nasse Zeug wieder über Nacht in der Trommel, morgen stinkt es bestimmt schon, aber wenn ich ihn jetzt darum bitte, flippt er aus, dann streiten wir und zuletzt wird er schwören, es gleich morgen früh zu tun, na, das will ich sehen –, wegen Elternabend übermorgen, die Nachbarn fragen, ob die Kinder für zwei Stunden runterkommen können – das mach ich definitiv selbst –, dann muss ich ihn nur noch überzeugen, dass er mitkommt, hat bestimmt wieder keine Lust, aber ich hab auch keine Lust, mir das stundenlange Gelaber immer alleine anzuhören –, apropos: neuen Klebestift für die Schule besorgen – und Wachsmalstifte –, Mülltüten, Olivenöl, Paniermehl, Duschgel sind auch aus – sag ich ihm morgen früh, muss aber mittags noch mal anrufen, sonst weiß er es nicht mehr –, Kuchen backen fürs Sommerfest, am besten wieder was Trockenes, ohne Früchte, Hauptsache schön bunte Deko drauf, dafür noch Eier und Smarties – sag ich ihm, obwohl, dann bin ich wieder die Dumme, die um kurz vor acht wegen der Eier noch mal losrennen muss –, Anoraks müssen dringend gewaschen werden – mach ich, aber besser erst am Wochenende –, die Ostereier könnten mal endlich in den Keller gebracht werden, ist ja nun auch schon eine Weile her – soll er morgen auf dem Weg ins Büro machen, muss ich ihm dann aber beim Rausgehen in die Hand drücken, sonst steht die Kiste in hundert Jahren noch im Wohnzimmer rum –, passen die Sandalen vom letzten Jahr eigentlich noch? Termin beim Zahnarzt wegen Milchzahnschiefstand – mach ich –, Überweisung Schwimmverein – soll er machen, muss ich ihm aber sagen und Betrag und Bankverbindung aufschreiben, ach dann kann ich's auch gleich selbst machen –, Geschenk Kindergeburtstag Karina kaufen – mach natürlich ich, was schenken wir da bloß?, irgendwas von Lillifee am besten, gab's doch neulich da hinten im Schreibwarenladen irgendwas Reduziertes.

Er schiebt die Hand unter der Decke rüber zu ihr. Sie schnaubt. Verächtlich. Als ob sie jetzt in Stimmung wäre. Aber schön, dass er den Kopf dafür frei hat. Einschlafend spielt sie mit dem Gedanken, am Wochenende einen Hausputz zu veranstalten. Die Schränke – innendrin überfüllt und obendrauf staubig, der Fernseher – voller Fettfinger, das Gewürzregal – speckig, unterm Bett – Wollmäuse, hinter der Waschmaschine – Schimmel, Kalk und bestimmt auch ein paar verloren gegangene Unterhosen. Ihr letzter Gedanke gilt der Spülmaschine: Das Warnlämpchen ist vorhin angegangen. Klarspüler ist alle.

Nach seinem Auszug war sie plötzlich nur noch halb so müde wie früher. Und schlief doppelt so gut. Ob es daran lag, dass die Einkaufstüten nicht mehr so schwer an ihren Armen zerrten, die Wäsche auf dem Ständer seltener und lichter hing und fast keine Spritzer mehr hinterm Klo wegzuwischen waren? Oder doch vor allem daran, dass der reibungslose Ablauf der täglichen Erledigungen nun endlich um den Risikofaktor Mann bereinigt war? Keine Erinnerungs-SMS mehr, kein entnervtes Bitte-könntest-du-mal, kein nervöses Warten, ob er es diesmal rechtzeitig nach Hause schafft, damit sie ihren Termin beim Gynäkologen pünktlich wahrnehmen konnte. Das wurde jetzt alles von der Chefin höchstselbst organisiert und umgesetzt. Und diese Personalunion war ungemein effizient.

Und noch etwas erfreute die Leiterin des erfolgreichen kleinen Familienunternehmens: dass man jetzt endlich nicht mehr vortäuschen musste, in diesem Haushalt erledigten zwei Erwachsene gleichermaßen engagiert die anfallenden Aufgaben. Während sie hintenrum mit den Zähnen knirschte, wenn er sich in der Öffentlichkeit mal wieder als großer Freund des Bügeleisens und überhaupt als gewissenhafter Verfechter partnerschaftlicher Arbeitsteilung darstellte. Und dann von der Lebensgefährtin auch noch ernsthaft gelobt werden wollte, wenn er einmal im Jahr eine Tüte Suppenpulver anrührte, die Schuhe putzte oder den Weihnachtsbaum die Treppe raufschleppte. Dabei war es selbst den Kindern schon aufgefallen, dass es mit der Gleichheit der Geschlechter nicht weit her war:

»Mama, wenn ich groß bin, wird ich dann ein Papa oder eine Mama?«

»Es heißt ›werd‹, und wenn überhaupt, dann wirst du wohl eher eine Mama.«

»Und was muss man als Mama alles machen?«

»Na, alles Mögliche, auf die Kinder aufpassen, Essen kochen, sie ins Bett bringen.«

»Genau, und spülen und sauber machen und saugen, stimmt's?«

»Ja, auch. Aber das müssen die Papas ja auch machen.«

»Aber die Papas sind doch immer arbeiten.«

»Aber doch nicht immer. Und außerdem können natürlich genauso gut die Papas zu Hause bleiben und auf die Kinder aufpassen, während die Mamas weg sind und arbeiten. Das geht auch.«

»Aber bei uns nicht, stimmt's, Mama?«

»Wieso, ich geh doch auch arbeiten. Und dein Papa hat doch letzte Woche, als ich mal nicht da war, auch Pfannkuchen gemacht, oder nicht?«

Das Kind konnte seiner Mutter in diesem Punkt zwar nicht widersprechen, bekam aber dennoch eine leise Vorahnung davon, was mit dem Sprichwort »Eine Schwalbe macht noch keinen Sommer« gemeint sein könnte.

Solche Diskussionen kamen übrigens nicht mehr vor, seit der Kadett zum letzten Mal um die Ecke gebogen war. Aber das Beste an der neuen Situation: Das bisschen Haushalt wurde wieder zu dem, was es sein sollte – die schönste Nebensache der Welt. Über die sie sich nicht ärgern musste. Denn bevor sie sich über irgendwas ärgerte, machte sie es eben. Schnell mal. Vorzugsweise nachts oder nebenher, wie es gerade passte. Oder sie machte es eben nicht, weil es gerade nicht passte.

Auf diesem Weg entdeckte sie übrigens auch die verloren geglaubten Freuden der häuslichen Grundreinigung wieder. Dieser anmutige Tanz mit dem Staubwedel, diese Befriedigung, wenn Oberflächen wieder strahlen, diese unbändige Freude an blütenweißen Steckdosenverschalungen und polierten Scheuerleisten. Aber auch ein Gefühl aus ihrer Studienzeit kam wieder zum Vorschein: die friedliche Gleichmut, die einen befällt, wenn man bodentief im eigenen gemütlichen Saustall versinkt. Den man natürlich irgendwann in naher Zukunft im Alleingang und im Handumdrehen wieder aufräumen wird. Heute zwar noch nicht, aber bald, sehr bald. Wenn die Zeit dafür reif ist.

Auf einmal jedenfalls fühlte sie sich in der eigenen Haut und in den eigenen vier Wänden wieder pudelwohl. Vorläufiger Höhepunkt ihres wieder gefundenen seelischen Gleichgewichts: Letzte Woche hatten sie und die Kinder beim Chinesen ein schmieriges Drei-Gänge-Menü bestellt, das dann gemeinschaftlich mit bloßen Händen in einer eigens dafür errichteten Höhle im Kinderzimmer verschlungen wurde. Und das Ganze diente nicht nur als eindrucksvolle Demonstration dafür, dass man bei ihnen neuerdings vom Fußboden essen konnte.

Die Party

Wenn das einsame Oberhaupt einer stolzen Kleinstfamilie schon mal vor die Tür geht, dann soll es sich auch lohnen. Immerhin zahlt man für das Vergnügen 6 € pro angefangener Stunde an die babysittende Nachbarstochter, die dann, kaum dass die Kinder schlafen, die Gelegenheit nutzt, den Kühlschrank zu plündern und über den Festnetzanschluss erst ihren neuen Freund und dann alle ihre Freundinnen auf deren Handys anzurufen. Die Freundinnen müssen schließlich genau erfahren, was der Freund von sich gegeben hat, damit es anschließend gemeinsam interpretiert werden kann: »Und dann hab ich gesagt, woran denkst du gerade, und dann hat er gesagt, an nichts Spezielles, und dann hab ich gesagt, wie, nichts Spezielles, und dann hat er gesagt, an nichts Spezielles eben.«

Für ein überlanges Hollywood-Epos, noch dazu in der Lokalzeitung schlecht besprochen, geht man also sicher nicht vor die Tür. Für ein Theaterstück auch nur, nachdem mindestens sechs Personen, auf deren ästhetisches Urteil Verlass ist, abendfüllende Lobeshymnen über Autor, Regisseur und Darsteller ausgeschüttet haben. Ins Off-Theater geht man gar nicht, weil die immer eine halbe Stunde später anfangen als angekündigt. Wahrscheinlich kriegen sie hinter den Kulissen ihre komplizierte Videotechnik nicht rechtzeitig zum Laufen. In Konzerte geht man auch nicht – klassische sind zu langweilig, die anderen zu teuer – und zu Geburtstagen nur, wenn es runde und/oder die der allerbesten Freunde sind. Und wenn nicht erst, was eine Zumutung ist, in den Geburtstag reingefeiert wird, man also in jedem Fall der Höflichkeit halber bis nach Mitternacht ausharren muss, während einen die kommunikative Kinderbetreuung zu Hause finanziell ruiniert. Auf Partys geht man gerne, aber nur, wenn sicher ist, dass diese Party »die Party« wird: die Party des Jahres. Die Party des Jahrzehnts. Die Party des Jahrhunderts.

Leider weiß man bei Partys immer erst hinterher, ob sie zur Sorte »die Party« oder zur Sorte »Für nichts und wieder nichts die Beine gewachst und dann stundenlang in den Bauch gestanden« gehören. Also hofft man. Und übt sich im Dialog mit anderen Gästen in formelhafter Beschwörung:

»Das wird sicher 'ne super Party.«

»Ja, wir werden so abfeiern.«

»Ach, ich freue mich so auf die Party, die wird sicher supergeil.«

»Ja, endlich mal wieder richtig abfeiern.«

Wenn bei Partys Self-fulfilling-Phrophecy wirken würde, gäbe es keine schlechten Partys.

Diese Party heute, auf die sie seit Wochen hinlebte, war bestimmt eine von den guten. Kein von Telekom und Sparkasse gesponsertes Super-Mega-Event. Es gab keine gebuchte Location, keine stylischen Einladungskarten, keine Tischtänzerinnen mit Gummititten. Diese Party war eine ehrliche Haut. Lässig und cool. Und sie war so geheim, dass sie an einem Ort stattfand, den man nur mithilfe gegenseitiger

Handynavigation und einiger roter Kerzen am Wegesrand finden konnte.

Das brave Oberhaupt der stubenhockerischen Kleinstfamilie begehrte diese Party, wie es lange nichts mehr begehrt hatte. Auch deshalb hatte sie im Vorfeld nichts dem Zufall überlassen: rechtzeitig der Nachbarstochter Bescheid gesagt, den Kühlschrank gefüllt, die Telefonrechnung bezahlt, die Kinder mit den simpelsten Tricks – kein Mittagsschlaf, stundenlanges Rennen über den Spielplatz, anschließend heiß baden – richtig schön müde gemacht und ausnahmsweise pünktlich ins Bett gebracht. Und für morgen früh hatte Mama schon Milch, Kekse und DVDs bereitgestellt, damit sich diese notorischen Frühaufsteher, mit denen man eigentlich unmöglich ersten Grades verwandt sein konnte, zwischen 6:15 und 11:30 Uhr weitgehend alleine beschäftigen konnten.

Aus dem kargen Kleiderschrank hatte sie dann das bestmögliche Outfit – dezent aufreizend, modisch stilsicher, Problemzonen optimal kaschierend – zusammengekramt, Wachs in die Haare geknetet, Finger- und Fußnägel lackiert. Das erste Glas Sekt getrunken, noch mal schnell mit der besten Freundin telefoniert (»Das wird sicher 'ne super Party.« – »Ja, wir werden so abfeiern.«) und nach einem letzten Blick in den Spiegel selbstzufrieden wie selten und voller Tatendrang auf den Babysitter gewartet.

Mitten in die kühnen Fantasien hinein, was dieser Abend wohl alles bringen wird, klingelt das Telefon: die Nachbarstochter. Heulend. Sie könne heute nicht, schluchz, was Privates, schluchz, was Schlimmes. Oje, o Gott, ist jemandem was passiert, jemand krank, jemand gestorben? Nein, nein, schluchz, nur der Freund habe gerade mit ihr Schluss gemacht, und das sei so schrecklich, da könne sie heute unmöglich ...

Es ist 22 Uhr und es ist amtlich: Sie hat keine Kinderbetreuung mehr. In einer Viertelstunde steht die beste Freundin vor der Tür, um sie einzusammeln für diese Party, die jetzt – wo die eigene Teilnahme auf einmal mehr als ungewiss ist – mit an Sicherheit grenzender Wahrscheinlichkeit eine Jahrtausendparty wird. Die Jahrtausendparty, die sie sich so hart erarbeitet, die sie so bitter nötig, die niemand mehr verdient hat als sie selbst. Die Party, bei der sie tanzen, lachen, rauchen und trinken wollte bis zum Morgengrauen. Eigentlich müsste das vernünftige Oberhaupt der schlafenden Kleinstfamilie jetzt aufgeben. Realistisch sein. Einsichtig. Erwachsen. Alle Fakten sprechen dagegen, dass sie heute Abend ausgehen wird. Einen gutmütigen Ersatzaufpasser wird sie auf die Schnelle kaum finden – ungefähr alle Menschen, die sie auf dieser Welt kennt, sitzen gerade kichernd in Autos eingepfercht und halten die Augen nach viel versprechenden Lichtern am Wegesrand offen. Alleine lassen kann man die Kinder nicht, Omi und Opi schlafen schon seit einer halben Stunde und spontanes Übernachten bei Kindergartenfreunden fällt zu dieser Uhrzeit ebenfalls aus.

Der weitere Verlauf des Abends ist damit eigentlich klar: Sie wird jetzt kurz heulen vor Selbstmitleid. Dann wird sie sich damit zu trösten versuchen, dass sie bei der pubertierenden Nachbarstochter schon immer ein leicht ungutes Gefühl gehabt hat. Die ist doch selbst fast noch ein Kind. Wer weiß, was die bei einem wirklichen Notfall gemacht hätte? Und ob sie die Kleine, die nachts ja doch ab und zu noch aufwacht, hätte beruhigen können? Da ist schon besser, sie bleibt selbst zu Hause. Und deshalb wird sie jetzt auch gleich zum Hörer greifen, die Mitfahrgelegenheit anrufen und absagen. Dabei wird sie deren leicht vorwurfsvolles »Das ist ja jetzt echt blöd, kannst du nicht doch jemand anderen organisieren?« kommentarlos übergehen, denn was wissen kinder- und herzlose

Menschen schon von der Verantwortung und den Prioritäten einer Mutter. Dann wird sie die schicken Sachen aus- und den zweiteiligen alten Flanell-Pyjama anziehen, sich wie jeden Abend zu den schlafenden Kindern legen, ihnen im Schaf zärtlich über die blonden Locken streichen, heimlich ein paar gemeine Gedanken über ihren Vater denken, sich noch eine Weile in dem bittersüßen Gefühl suhlen, den geliebten Kindern die besten Jahre zu opfern, und schließlich mit einem strengen Zug um den Mund einschlafen.

Während sich dieses Szenario blitzschnell vor ihrem mit Lidschatten!, Lidstrich!, Wimperntusche! geschminkten Auge abspielte, passierte es. Die Wolken des Trübsinns schoben sich zur Seite, der Himmel riss auf und der Lichtstrahl einer fernen Diskokugel erhellte ihr gequältes Antlitz. Im Strahl des funkelnden Lichts erkannte sie zwei Dinge überdeutlich. Erstens: Sie hatte das Augenbrauenzupfen diesmal wirklich nahezu perfekt hingekriegt. Obwohl sie ja völlig aus der Übung war. Zweitens: Das hier war nicht einfach nur Pech oder Zufall. Nein, das hier war eine Prüfung. Ganz offensichtlich befand sie sich hier und jetzt an einer jener schicksalhaften Weggabelungen. Ihr Leben könnte an diesem Abend diese oder jene Wendung nehmen. Diese Wendung war so weit klar: missmutig ins Bett gehen, sich langweilen und bedauern. Jene Wendung lag da draußen im Dunkeln, sorglos, glitzernd, viel sprechend. Diese Wendung wäre auf jeden Fall vernünftiger und gesünder; jene Wendung lockte dagegen mit Drogenrausch und Augenringen. Die Prüfung, die die Göttin der Partyluder heute für sie bereithielt, bestand darin, vom richtigen Weg abzukommen. Einmal dem Leben auf der Nase herumzutanzen, nicht umgekehrt.

Sie nahm die Herausforderung an. Die Entscheidung für Lust und Laster und gegen den Schlafanzug war gefallen. Sie würde diesen stöckelbeschuhten Fuß samt samtroten Fußnägeln, auf die gerade beinahe die ersten selbstmitleidigen Tränchen hinabgetropft wären, heute Abend noch unter die Leute bringen, koste es, was es wolle. Denn heute war der Tag der Tage. Der erste Tag vom Rest ihres neuen Lebens. Und deshalb würde sie sich auch nicht von so kleinen Irritationen wie einem verstörten Babysitter und dessen Beziehungsnöten aus der Bahn werfen lassen. Überhaupt: Beziehung, pah, lachhaft war das doch. Nur weil die sich drei Tage lang mit einem pickeligen Mitschüler ein paar belanglose SMS hin- und hergeschickt hatte, hat sie doch noch keine Beziehung. Geschweige denn das Recht auf Liebeskummer. Was wusste diese dumme Kuh schon von Kummer? Nichts! Aber egal, das tat heute alles nichts zur Sache. Denn: Heute! Wird! Gefeiert!

Nur wie?

Blitzschnell scannte sie die nächste und nähere Umgebung nach verfügbaren Ersatz-Sittern ab. Die Recherche ergab vier mögliche Kandidaten:

- erstens den Computer-Heini von nebenan. Vorteil: immer zu Hause. Nachteil: noch nie ein Wort mit ihm gewechselt. Außerdem sicher keinerlei Erfahrung mit Kindern;
- zweitens die Nachbarin von oben. Vorteil: immer zu Hause, weil selbst Kinder. Nachteil: selbst Kinder, die jetzt gerade in ihren Betten liegen;
- drittens die alte Dame aus dem ersten Stock. Vorteil: man hat was gut bei ihr, weil man ihr neulich die Einkaufstasche hochgetragen hat. Nachteil: schon ziemlich alt. Vielleicht durch eine derartige Spontanaktion überfordert;
- viertens die kinderlose Arbeitskollegin, zwei Straßen weiter. Vorteil: hatte schon mal angeboten, dass sie auf die Kinder aufpassen würde. Nachteil: war vielleicht nicht ernst gemeint gewesen.

Bei Nr. 4 geht keiner ran. War ja klar, an einem Samstagabend. In der Reihenfolge 2, 3, 1 klingelt sie bei den ausgewählten Nachbarn. Allen erzählt sie in einem sehr ernsten, sehr betroffenen, sehr Mitleid heischenden Tonfall, dass sie heute Abend einen absolut total wichtigen inoffiziellen Business-Termin hat, zu dem sie unbedingt hinmuss, da sich ein Fehlen auf die ohnehin katastrophale berufliche, finanzielle, private etc. Situation noch katastrophaler auswirken würde. Um die Glaubwürdigkeit der Geschichte auch optisch zu stützen, hat sie vorher ein dunkles Jackett über das tief ausgeschnittene Spaghettiträger-Oberteil gezogen. »Entschuldigen Sie die späte Störung, aber ich bin da in eine sehr missliche Lage geraten ... und jetzt das ... ich weiß einfach nicht, was ich machen soll ...«

Die effektvoll gesetzten Pausen und die dramatisch zitternde Stimme, die das zum Pathos neigende Familienoberhaupt der schauspielerisch begabten Kleinstfamilie perfekt beherrscht, erweichen die Herzen ihrer Zuhörer derart, dass sie 25 Minuten Zeit verliert, weil die netten Nachbarn umgehend ihre tiefes Beileid ausdrücken. Um dann umständlich und langatmig fadenscheinige Gründe für ihre Absagen vorzubringen. Allein Nr. 2 deutet an, dass sie, wenn es gar keine andere Lösung gäbe, vorschlüge, die Kinder doch samt Kissen, Decken und Kuscheltieren für ein, zwei Stunden hochzubringen. Das Angebot ist nett gemeint, hilft ihr aber trotzdem nicht weiter. Denn ein, zwei Stunden reichen leider nicht, um sich mal wieder richtig schmutzig zu amüsieren.

Zurück in den eigenen vier Wänden zerdrückt sie jetzt doch ein paar Wuttränen und schmeißt das Sektglas an die Wand – natürlich nicht, ohne es vorher leer getrunken zu haben und hinterher gleich ängstlich ins Kinderzimmer zu eilen und sich zu vergewissern, dass die Kinder vom Klirren nicht aufgewacht sind. Dann ruft sie ihren Bruder an, der vierzig Kilometer weit weg in einem Studentenwohnheim sitzt und dort Tag und Nacht für irgendein Staatsexamen lernt.

»Du musst mich retten. Das wird Die Party. Ich will da unbedingt hin. Ich drehe sonst durch. Kannst du bitte, bitte, bitte, bitte, bitte, bitte, bitte, bitte, bitte, bitte, bitte, bitte auf die Kinder aufpassen?«

Wenn einen das Leben als Alleinerziehende überhaupt irgendetwas lehrt, dann das Anbetteln und Aufdrängen jenseits aller Peinlichkeitsgrenzen. Jedenfalls verspricht sie dem Bruder vollmundig ihren Modeschmuck, das Tafelsilber und ihren Anteil am elterlichen Erbe. Und natürlich ewige Dankbarkeit, Fahrgeld, ein deftiges Frühstück und ein Blind Date mit ihrer dünnsten Busenfreundin. Was genau davon ihn letztlich überzeugt, bleibt unklar, aber nach einer Weile lässt er sich tatsächlich überreden, zur nächsten Regional-Express-Haltestelle zu sprinten und loszufahren.

Knapp neunzig Minuten später ist der Bruder da und das Taxi wird auch gleich kommen. Die Handystandleitung zur besten Freundin steht schon. »Also, hinter der Esso-Tankstelle links, dann gleich wieder rechts, links, rechts, geradeaus, dann in einen Schotterweg einbiegen, den Hügel rauf, runter, um die Kurve, dann auf die Teelichter achten, ja?«

»Ich versteh dich so schlecht, es ist voll laut hier, aber du findest das schon.«

Der Taxifahrer verfährt sich dreimal und verlangt zuletzt 43,20 €. Sie rundet übermütig auf 50 € auf. »Der Rest ist für Sie!«

Gut, vielleicht wird dieser Abend ein Vermögen kosten. Aber er wird es wert sein. Jeden verdammten Cent. Sie schwingt ihre Beine aus der Beifahrertür und stöckelt in die Dunkelheit davon.

Sechseinhalb Stunden später schließt sie schwankend ihre Wohnungstür wieder auf. Drinnen in der Wohnung hüpfen zwei wache Kinder begeistert auf einem schläfrig aussehenden Onkel herum. »Na, wie war's?«, kann der gerade noch fragen, ehe er die nächste Stoffgiraffe auf den Kopf gehauen bekommt.

»Nicht übel«, lallt sie heiser, »gar nicht übel.« Mühsam streift sie sich im Stehen die Schuhe von den geschwollenen Füßen, nicht ohne sich mit einer Hand an der Wand abzustützen. »Ich habe Schokocroissants mitgebracht. Kochst du uns einen Kaffee, während ich schnell mal duschen gehe?«

Und dann bewegt sich ein sehr mattes, aber sehr zufriedenes Oberhaupt einer munteren Kleinstfamilie in Zeitlupe Richtung Badezimmer.

Der Rest des Tages vergeht mit so gemütlichen Vorgängen wie Chips essen, Cola trinken und Videos gucken. Bei Letzterem kann man übrigens hervorragend unauffällige kleine Nickerchen machen, solange nur der mütterliche Gesamtkörper dem Fernseher zugewandt bleibt – sonst schöpft die misstrauische Brut gleich Verdacht: »Mama? Mama! Ma! Ma! Mach die Augen auf! Du sollst nicht schlafen!«

Das Beste aber hat sie sich für den Abend aufgehoben, als die lieben Kleinen endlich wieder in ihren Betten liegen: das telefonische After-Show-Ablästern.

»War das 'ne geile Party, oder?«

»Ja, ey, haben wir gefeiert.«

»Und ich war so betrunken, ich hätte fast noch ins Taxi gekotzt.«

»Hast du gesehen, wie peinlich Ulrike wieder war? Die trinkt drei Sekt und wirft sich dann original jedem an den Hals.«

»Aber am übelsten waren die drei fetten hässlichen Typen links neben der Box.«

»Der eine hat dich übrigens den ganzen Abend angeglotzt.«

»Igitt.«

»Trotzdem. War ’ne geile Party.«

»Allerdings.«

»Genau.«

»Ja.«

Bewerbung No. 53

Sehr geehrter Herr Schmidt,

sicher sitzen Sie gerade in Ihrem rückenfreundlichen Bürostuhl, neben sich Körbe voller Bewerbungsschreiben, die nun im Schnelldurchgang gesichtet werden wollen. Da werden wieder schöne Nieten dabei sein, denken Sie, und vor Ihrem inneren Auge ist Ihnen schon Ihr idealer Kandidat erschienen. Er ist 33, männlich, solide, heterosexuell. Engagiert und motiviert soll er sein, bereit zu unbezahlten Abend-, Nacht- und Wochenendeinsätzen. Meinetwegen soll er Familie haben, denken Sie, hübsche Frau, zwei süße Kinder, um die er sich nicht zu kümmern braucht, dafür aber eine Eigentumswohnung, die er abbezahlen muss. Im Klartext: Babyfoto als Bildschirmhintergrund: ja; krankmelden, weil die Kinder Scharlach haben: natürlich nein.

Sie seufzen tief und machen sich an den Stapel. Aber bevor Sie nun wieder die allein stehenden Mütter zuerst aussortieren, halten Sie einen Moment inne und schenken Sie mir kurz Ihre werte Aufmerksamkeit. Nicht, dass Sie denken, ich verdächtige Sie der Diskriminierung. Ich weiß, dass Sie Frauen immer gut und gerne gefördert haben. Denn Frauen – das weiß jeder kluge Arbeitgeber von heute – sind schließlich die besseren Männer: Sie sind eifrige Bienchen und selten aufsässig. Und was den Personalchef besonders freut: Auch wenn Frauen sonst fast alles können, die Kunst der Gehaltsverhandlung beherrschen sie überhaupt nicht. Deshalb haben sicher auch Sie schon lange ein unternehmerisches Herz für Frauen. Aber jetzt ist es an der Zeit, Ihr Herz für Mütter zu entdecken.

Sie ahnen nämlich nicht, welche geballte Arbeitskraft

Ihnen da durch die Lappen geht. Man nennt uns auch Powermuttis, Multi-Management-Mamas oder die Geheimwaffe der neuen Arbeitsmarktpolitik. Ich übertreibe nicht, wenn ich behaupte, dass sich in uns Können mit Motivation, Effizienz mit emotionaler Intelligenz aufs Perfekteste paaren. Um ins Detail zu gehen: Wir sind nicht nur konsensorientierter, geduldiger, mitfühlender und teamfähiger (kurz: mütterlicher) als der Rest der morgenmuffeligen, internetsüchtigen und Büromaterial klauenden Arbeitsnation. Wir funktionieren auch besser und schneller als der Durchschnittsarbeitnehmer. Wir laufen – jetzt mal ganz sinnbildlich gesprochen – nicht dreimal zwischen Küche und Kinderzimmer hin und her, ohne auf jedem der Gänge etwas mitzunehmen, hinzubringen, aufzuheben, wegzuräumen.

Wir sind Meisterinnen modernen Zeitmanagements und die heimlichen Erfinderinnen optimierter Arbeitsabläufe. Wir reagieren in Sekundenbruchteilen auf Unvorhersehbares. Wir haben zu jedem Plan A einen Plan B, C und D. Und meistens sogar noch einen Plan E, ein aufgeladenes Handy und eine Ersatzwindel in der Handtasche. Wir handeln umsichtig und vorausschauend. Wir sind immun gegen Erkältungskrankheiten und auch gegen andere lächerliche zivilisatorische Zipperlein.

Aber ich will auch unsere wenigen Schwächen nicht unterschlagen: Wir arbeiten lieber hurtig als gemächlich. Wir rauchen nicht, stehen wenig in Teeküchen herum, gehen selten zu ausgiebigen Lunch-Verabredungen und noch seltener abends aus. Und zugegeben: Es gibt Zeiten und Tage, da wirken wir etwas gehetzt und abgekämpft. Manchmal könnte unser Styling besser sein. Und unsere Loyalität und unser Verantwortungsgefühl der Firma gegenüber wirken gelegentlich ein bisschen überzogen. Wenn wir uns zum Beispiel trotz Hirnhautentzündung lieber an den Arbeitsplatz schleppen, als auch nur den leisesten Verdacht aufkommen zu lassen, wir würden womöglich häufiger krankfeiern als die Kollegen.

Aber all das kann Ihnen ja nur recht sein. Denn gerade dämmert Ihnen, dass Sie für Ihre freie Stelle niemand anderen als eine allein erziehende Mutter wollen. Und noch eine großartige Idee ist Ihnen jetzt gekommen: Sie werden dieser Mutter die Vollzeitstelle als Teilzeitstelle anbieten. Vielleicht gibt ja sogar das Arbeitsamt noch was dazu. Auf jeden Fall sparen Sie so eine Menge Personalkosten. Und vor lauter Dankbarkeit wird die Frau das geforderte Arbeitspensum ganz sicher auch in der Hälfte der Zeit schaffen. (Natürlich wird sie.)

Schon jetzt bedanke ich mich für Ihr großzügiges Entgegenkommen und gelobe Produktivität und Fleiß bis an mein Lebensende.

Ihre
Astrid Herbold

Eine halbe Portion

Als junge Frau und Mutter ohne männlichen Anhang hat man wenig Alternativen, was die Gestaltung der Oster-, Weihnachts-, Pfingst- und sonstigen kirchlichen Feiertage angeht. Die alten Freundinnen, die schon vollständige Familien erfolgreich zu gründen in der Lage waren, feiern neuerdings samt Mann und Maus in den eigenen vier Wänden; die Singles sind erst zum Vollfressen kurz zu Hause bei den Eltern und treffen sich dann noch zum ausgiebigen gemeinsamen Berauschen in der alten Stammkneipe. Dem gefallenen Mädchen bleibt stattdessen nichts als der enge Platz im elterlichen Reihenhaus zwischen Mutti und Vati, die sie mittlerweile der Einfachheit halber (sprich: um das hoch begabte eigene Kind nicht mit abweichenden Verwandtschaftsbezeichnungen zu überfordern) »Omi« und »Opi« nennt.

Wie jedes Mal zu den Feiertagen hat Omi das alte Kinderzimmer liebevoll hergerichtet: das keusche 90×200-cm-Bett mit der vertrauten braun-gelb-grünen Siebziger-Jahre-Bettwäsche bezogen, das Regal mit den vergilbten *Hanni-und-Nanni*-Büchern abgestaubt und die Grünlilie gegossen, die noch immer auf der Fensterbank steht. Ein bisschen gemein findet es die ledige Tochter ja, dass bei den viel selteneren Besuchen der verheirateten Geschwister immer sofort ein Hotelzimmer bestellt wird. »Das ist euch doch sicher lieber, ihr wollt doch nicht hier im engen Kinderzimmer schlafen, oder?« Aber selbst das Enkelkind, zu dem sie ja auch nicht gekommen ist wie die Jungfrau zum Kinde, taugt in Omis Augen offenbar nicht als hinreichender Beweis, dass die Tochter den Jugendzimmerzeiten ein für alle Mal entwachsen ist.

Kaum hat sie also ihre Reisetasche in das Zimmer mit den Pferdevorhängen geräumt und auf der geblümten Couchgarnitur den ersten Kaffeemaschinenkaffee mit Kaffeesahne geschlürft, kaum sind die ersten drei Stücke des selbst gebackenen Apfelkuchens verzehrt und das Enkelkind auf dem Schoß des stolzen Opis geparkt, kann die seit Jahr und Tag um ihre allein stehende Tochter hochbesorgte Omi auch schon nicht mehr mit ihrer üblichen Feiertagsfrage hinterm Berg halten: »Und, gibt's was Neues?«

Mit »was Neues« meint Omi in diesem Fall nur eins: einen Mann, seines Zeichens Held und Retter jeder ledigen Mutter. Einen, der »ordentlich verdient«, gut aussehend, höflich und kinderlieb ist. Mütter wünschen ihren Töchtern beharrlich solche Männer an den Hals, auch wenn die seit ihrem vierzehnten Lebensjahr immer nur langhaarige Kiffer und brotlose Poeten angeschleppt haben.

»Neues? Ach ja, ich habe mir einen DVD-Player gekauft.«

Damit könnte der Dialog mit Omi vorerst beendet sein. Könnte, ist aber nicht. Denn Omi schiebt gleich noch ein verschwörerisch-leises »Hast du denn was von ihrem«, an dieser Stelle: unauffälliges Nicken in Richtung Kind auf Opis Schoß, »Vater gehört?«

»Nein, Mutter, habe ich nicht.«

»Musst du ja nicht gleich beleidigt sein – ich frag ja nur.«

Ersterbende Stimmen. Längeres Schweigen. Dann ein versöhnliches »Willst du noch einen Kaffee?«

»Ja, danke, gerne.« Wer aber jetzt denkt und hofft, die heiklen Themen seien damit abgehakt, der irrt.

»Mal eine ganz andere Sache«, setzt Omi sogleich flüsternd wieder an, »hast du dran gedacht, da mal was aufzusetzen?«

Mit »was aufsetzen« meint Oma das Testament ihrer ledigen Tochter. Ähnlich schlimm wie die Befürchtung, die Tochter könnte auf ewig Single bleiben, ist für Omi nämlich nur die Vorstellung, die Tochter könne überraschend ableben, ohne ihre »Angelegenheiten« ordentlich geregelt zu haben. Dabei interessiert Omi sich weniger dafür, wer die gebrannten CDs oder die überschaubare und hauptsächlich aus vergilbten Taschenbüchern bestehende Bibliothek erben soll. Viel dringender ist die Frage: Wer kriegt das Kind.

Die Sache ist tatsächlich nicht ganz einfach und bereitet der quietschlebendigen und putzmunteren Mama regelmäßig schlaflose Nächte. Vor allem, wenn längere Autofahrten oder interkontinentale Flugreisen ins Haus stehen. Wären die Eltern, die schon seit Jahren Interesse anmelden, wirklich die beste Wahl? Was, wenn man es lieber der großherzigen Patentante oder der kinderlieben Schwester vererben würde? Aber die müsste man ja vorher mindestens mal fragen. Wenn nur solche Gespräche nicht so peinlich wären. Und so merkwürdig theoretisch, weil man sich ja ohnehin in Wahrheit kein bisschen um die eigene Sterblichkeit sorgt. Und wie setzt man so einen Erlass auf, dass er im Notfall auch juristisch Bestand hat? Und auf jeden Fall dafür sorgt, dass der seit Jahren verschollene Vater nicht doch noch aus der Versenkung auftaucht und seine vermeintlichen Rechte anmeldet? »Hiermit verfüge ich, dass mein Kind nach meinem Ableben zu seinem Wohle und meiner Beruhigung bei seinen Großeltern mütterlicherseits aufwachsen soll. Oder notfalls bei meiner lieben Schwester, seiner Tante, oder bei meinem fröhlichen Bruder, seinem Onkel, auch wenn dieser Bruder nur eine Einzimmerwohnung hat und auch sonst ein ziemlicher Junggesellen-Hallodri ist. Oder es soll bei meiner besten Freundin leben, seiner Patentante, die der freundlichste, geduldigste und liebste Mensch auf Erden ist. Aber am besten vielleicht doch bei Omi und Opi. Und wenn es in die Pubertät kommt, soll das Kind gefälligst nicht so pampig zu ihnen sein, denn dann sind sie schon ziemlich alt und können keinen Stress mehr vertragen. Andererseits sollen sich die gutmütigen Großeltern auch nicht immer breitschlagen lassen – vor allem nicht zu einem eigenen Fernseher im Kinderzimmer – und das Kind nicht von morgens bis abends mit Fruchtzwergen voll stopfen. Denn da ist, glaub es mir doch, Omi, viel zu viel Zucker drin, auch wenn außen auf der Packung das Gegenteil behauptet wird. Und Opi, das Kind muss irgendwann lernen, sein Fleisch alleine zu schneiden und seine Schnürsenkel alleine zuzumachen.«

War das jetzt ein salomonisches Urteil? Schon sah sie vor ihrem inneren Auge die nach ihrem tragischen Tod heillos zerstrittene Familie sich vor einem Fernsehgericht anschreien und beschimpfen. Und das verwaiste Kind saß stumm in der ersten Bank. Ach, das waren doch alles schrecklich deprimierende Gedanken. Das Beste wird einfach sein, man stirbt erst mal nicht. Zum Glück unterbricht an dieser Stelle Opi die düsteren Visionen seiner Tochter mit einem sehr gegenwärtigen Anliegen: »Und, kommst du klar mit dem DVD-Player?«

»Klar, komm ich klar.«

Erneutes Schweigen. Denn das glaubt Opi nun nicht so ohne weiteres. Wenn seine Tochter tatsächlich klarkäme, wie kommt es dann, dass er ein paar Mal im Jahr mit seinem Werkzeugkoffer ausrücken muss, um in dem kümmerlichen Mutter-und-Kind-Haushalt hämmernd, dübelnd, schraubend und bohrend das Allernötigste in Ordnung zu bringen? Dass seine Tochter immer behauptet, sie könne das alles auch sehr gut allein, bucht er unter verschobener weiblicher Wahrnehmung ab. Natürlich kann sie das nicht. Und deshalb wird er es auch wieder sein, der sich übermorgen hinter das Steuer seines Audis setzt, das Enkelkind und dessen männer- und werkzeuglose Mutter nach Hause fährt und bei der Gelegenheit gleich noch den neuen DVD-Player anschließt. Nicht, dass er nicht gerne hilft, wo er noch helfen kann. Aber bei aller Bescheidenheit – er ist ja nun auch nicht mehr der Jüngste. Zu gerne würde er seine angenommenen Aufgaben in der Wohnung der allein stehenden Tochter irgendwann wieder einem handwerklich Ebenbürtigen, sprich: einem Mann übergeben. Aber ob diese doch reichlich spröde Tochter mit ihren emanzipatorischen Ansichten überhaupt jemals wieder einen finden wird, der samt gut sortierter Werkbank bei ihr einzieht? Tief im Inneren seiner männlichen Seele hegt Opi da mittlerweile einige berechtigte Zweifel. Was hat er bloß falsch gemacht bei der Erziehung?

Eine Woche später hat Opi den DVD-Player trotz heftiger töchterlicher Gegenwehr und anhaltender »Das hätte ich auch alleine gekonnt«-Rufe natürlich längst mit dem Fernseher verkabelt, nebenbei einen fachmännischen Blick auf Tür- und Fensterschlösser, Kindersicherungen in Steckdosen und Küchenschränken geworfen, mit entschlossenen Handgriffen die ausgeleierten Schrauben des wackeligen Klositzes enger gezogen und im Rausgehen noch schnell nach den Bremsbelägen des Fahrrads geschaut. Unterdessen findet sich die Frau und Mutter ohne männlichen Anhang bei einer gepflegten Einladung zum Abendessen erneut unter

Menschen wieder, die mittlerweile alle zu Omi-und-Opi-ähnlichen Kombinationen mutiert sind.

»Komm rein, Anja-und-Thilo, Jan-und-Sabine, Inga-und-Stefan, Martin-und-Mareile sind auch schon da.«

Und als wäre es nicht schon Strafe genug, in einer Runde von lauter Und-Menschen zu sitzen und am eigenen Vornamen nur den eines Kindes baumeln zu haben, können es ihre Freundinnen wie immer kaum abwarten, mit ihrem berüchtigten Single-Verhör zu beginnen: »Naaaa, gibt's was Neues bei dir?«

Wieder mit dem DVD-Player anzufangen, war sinnlos, auch wenn man damit zumindest die männlichen Pärchenhälften kurzzeitig in eine Diskussion um Qualitätsunterschiede bei technischen Geräten im Allgemeinen und im Besonderen hätte verstricken können. Geschlechtsgenossinnen dagegen sind mit derart durchsichtigen Ablenkungsmanövern nicht zu täuschen. Also lieber gleich Pokerface aufsetzen und die Karten auf den Tisch legen: »Nein, es gibt nichts Neues.«

Aber damit können sich die Anwesenden natürlich nicht zufrieden geben. Es muss doch verdammt noch mal Mittel und Methoden geben, an Informationen über das deprimierende Gefühlschaos der allein stehenden Freundin zu kommen: »Aber hast du nicht letztens von diesem alten Schulfreund erzählt, der dich nach zehn Jahren auf einmal angerufen ...«

»Nein.«

»Doch, doch, ich meine den, der so rumgedruckst hat ...«

»Nein.«

»... als du ihn dann getroffen hast und er den Kindersitz auf deinem Fahrrad ...«

»Nein.«

»Und auf der Party neulich, hast du da nicht ganz lange mit so einem an der Theke ...«

»Nein.«

»Ach, komm, gib es doch zu, ihr habt doch geflirtet. Hast du ihm gesagt, dass du ein Kind ...«

»Nein.«

»Oder ihm wenigstens deine Nummer ...«

»Nein! ... Hab ich übrigens schon erzählt, dass ich mir einen neuen DVD-Player gekauft habe?«

Während die Männer, die den Anfang des Dialogs zum Glück verpasst und erst beim Stichwort »DVD-Player« wieder aufgehorcht haben, gleich eilfertig nach Preis und Marke fragen, murmeln die anwesenden Frauen noch ein paar aufmunternde Sätze wie »Ich versteh das gar nicht, du bist doch so eine tolle Frau«, »Ach, dann vergiss den Idioten am besten gleich wieder«, »Da kommt bestimmt wieder ein anderer«.

Sie meinen es ja nur gut. Sie wünschen ihrer einsamen Freundin doch nur das Allerbeste. Und von der Anhäufung von Elektrospielzeug und anderen Statussymbolen lassen sie sich nicht täuschen. Gut, vielleicht hat die Freundin eine Digitalkamera, ein paar schöne Schuhe und ein paar männliche Bekannte. Gut, das Kind wirkt auf den ersten Blick auch nicht dicker, dümmer und verstörter als die Kinder anderer Leute. Gut, nach außen hin macht diese Ein-Eltern-Familie scheinbar den Eindruck, als hätte sie alles im Griff und wäre mit ihrem Leben zufrieden. Was die Mutter ihrem armen Kind natürlich nur einredet. Denn, das ist jeder Pärchenfrau klar wie Kloßbrühe, der schöne Schein trügt. Jeder weiß doch, dass eine Frau und Mutter ohne männlichen Anhang gar nicht glücklich sein kann. Weil sie – es ist hart, das so direkt zu sagen, aber den Tatsachen muss mal ins Auge geblickt werden –, weil sie doch ein Beziehungsversager ist.

Beziehungsversagerinnen gibt es in den Augen von erfolgreichen Beziehungsführerinnen viele: solche, die immer nur ein paar Wochen mit jemandem liiert sind und dann gleich wieder mit jemand anderem. Diese Menschen sind offenbar völlig realitätsfern und überhaupt nicht in der Lage, sich ernsthaft auf irgendwen oder irgendwas einzulassen. Dann die, die noch nie erwähnenswerte Beziehungen hatten bzw. die letzte mit 15 im Ferienlager. Die haben ganz sicher eine schlimme, aus der Kindheit herrührende Bindungsstörung oder sind von der Natur mit sehr entstellenden Zügen gestraft worden. Oder sie haben ihre wahre sexuelle Orientierung noch nicht gefunden. Dann die, die immer unglücklich in irgendwelchen Affären mit Männern stecken, die entweder schon in festen Händen, dreißig Jahre älter oder aus anderen Gründen absolut bindungsunwillig sind.

Das alles ist ja noch irgendwie zu verstehen und zu entschuldigen. Aber wie kann eine Frau, die nett ist, nett aussieht und früher mal mit netten Männern nette dauerhafte Beziehungen führte, irgendwann alleine mit Kind enden? Was muss sie für eine Versagerin sein, wenn der Mann, dessen Leibesfrucht! sie unter dem Herzen! getragen, unter Schmerzen! geboren und an ihrem Busen! genährt hat, den sie zum Vater! gemacht und dem sie damit das Schönste! geschenkt hat, was man auf Erden! geben kann, nicht mit ihr zusammen sein will? Es gibt nur zwei Möglichkeiten: Entweder sie ist privat ein solcher Drachen, dass es selbst ein verantwortungsvoller, liebender Partner auf Dauer nicht mit ihr aushält. Oder er war von Anfang an nicht richtig verliebt in sie, aber sie hat ihm dann trotzdem das Kind untergejubelt, um ihn an sich zu binden. Was natürlich auf Dauer schief ging. Wie dem auch sei, jetzt ist sie jedenfalls »allein erziehend« und das wird schon seine Gründe haben. Und wie das schon klingt: allein erziehend. Obwohl die Freundin das ja immer so stolz sagt, als käme es einem Lottogewinn gleich. Aber das ist natürlich alles nur aufgesetzt.

Es gibt übrigens überhaupt wenig Möglichkeiten für eine Frau und Mutter ohne männlichen Anhang, ihre unaussprechlichen Lebensverhältnisse politisch korrekt mitzuteilen. Ein verbittertes »ihr Vater« – auffälliges Nicken in Richtung des Kindes, das angesichts dieses unsäglich gemeinen Erzeugers sogleich schuldbewusst den Kopf senkt – »hat mich verlassen« klingt nach unzeitgemäßer weiblich-passiver Opferhaltung. Und nach fehlender Einsicht in die eigenen charakterlichen Unzulänglichkeiten. »Ich habe mich von ihrem Vater getrennt« ruft dagegen in der Regel nur Unverständnis und Missbilligung hervor. So eine ist das also, hat nicht gezögert, sich erst unverbindlich fortzupflanzen, um dann beim ersten Streit gleich wieder die Brocken hinzuschmeißen und dem sicherlich liebenden anderen Elternteil ein kläglich weinendes und um Harmonie und Zusammenhalt flehendes Kind aus dem Arm zu reißen, nur weil sie auf einmal dem egoistischen Wahn verfallen ist, sich anderweitig verwirklichen zu müssen. Dabei braucht ein Kind doch Vater und Mutter. Das weiß man doch. Gerade als Mutter. Alles in allem ist also eine Formulierung, in der die Worte »ich«, »mich« und »getrennt« nahe beieinander stehen, absolut nicht hinnehmbar. Außer, der Typ war zufällig ein reueloser Betrüger, Mörder, Schläger oder Säufer.

Bleibt zuletzt doch nur das nichts sagende »Ich bin allein erziehend«, das allen umsitzenden Paaren trotzdem sofort das Blut in den Adern gefrieren lässt. Da kann die Alleinerziehende noch so gewinnend in die Runde lachen. Keiner lacht mit. Sondern alle denken unisono: Die ist also allein. Das heißt ja wohl nichts anderes, als dass sie keiner will. Und wenn die keiner will, muss doch irgendwas an ihr nicht in Ordnung sein. In diesem konkreten Fall ist es sicher die

Psyche, mutmaßen die wohlwollenden Freundinnen, immer diese laute Fröhlichkeit, total künstlich! Hat sicher in Wahrheit schwere Depressionen und weint jeden Abend in ihr Kissen. Tut immer so unabhängig, aber in einer Beziehung ist sie dann wahrscheinlich schrecklich fordernd. Und dabei total auf das Kind fixiert. Solche Launen kann man einem Mann natürlich auf Dauer nicht zumuten. Und dann noch ihre Ansichten, immer so frauenmäßig verbissen, darauf stehen Männer nun mal nicht. Das weiß man doch.

Allein also. Und als wäre das nicht schon Makel genug, dann auch noch »erziehend«. O Gott, da ist ein Kind im Spiel! Eine trennungsgeschädigte Scheidungswaise. Ein im Beziehungsdrama auf der Strecke gebliebenes unschuldiges kleines Wesen. Das erzogen werden muss. Wie diese Erziehung aussieht, das kann man sich ja vorstellen. Wahrscheinlich beißt das Kind im Kindergarten grundlos seinem Nebenmann in die Nase, kriegt im Spielzeugladen einen Schreikrampf, wenn es nicht unverzüglich das neueste Computerspiel bekommt und schläft trotz fortgeschrittenen Alters immer noch jede Nacht in Mamas Bett. Von dieser labilen Person ist ja auch wenig erzieherische Orientierung zu erwarten. Dabei brauchen Kinder Ruhe, Ordnung, klare Verhältnisse. Und Grenzen! Grenzen! Grenzen! – das weiß doch jeder.

»Allein erziehend« – insgeheim beglückwünschen sich die Freundinnen täglich, dass sie diesem Verliererinnenverein nicht angehören. Was sie heute noch nicht wissen: In zehn Jahren wird keine von ihnen mehr nicht allein erziehend sein. Auch daher rührt übrigens das übermütige Grinsen der Alleinerziehenden – sie hat das alles schon hinter sich. Während es Anja-und-Thilo, Jan-und-Sabine, Inga-und-Stefan, Martin-und-Mareile noch vor sich haben. Anja-und-Thilo ihren erbitterten Rosenkrieg um Sorgerecht und Eigentumswohnung, Jan-und-Sabine und Inga-und-Stefan ihre schmutzige Doppeltrennung wegen des außerehelichen Kindes, das Sabine aus Versehen mit Stefan gezeugt hat, Martin-und-Mareile ihren mühsam ausgehandelten Dreieinhalb-Tage-Rhythmus der zwischen ihnen aufgeteilten Kinder.

Aber noch ist es nicht so weit, noch wiegen sich die Beziehungsführerinnen in der trügerischen Sicherheit ihres ewigen Liebesglücks. Noch können sie sich deshalb gegenüber der armen Alleinerziehenden nachsichtig und großherzig zeigen. Was sich vor allem darin äußert, dass sie der offensichtlich verkorksten Geschlechtsgenossin unbedingt den Weg ins Glück zu zweit weisen wollen. Das Gespräch um digitale Abspielgeräte und die dazugehörige Brennersoftware ebbt gerade ab, als die Freundinnen einen entsprechenden Vorstoß wagen: »Mit wem«, kicher, kicher, »könnten wir dich denn mal verkuppeln?«

»Ich will gar nicht ...«

»Anja, hast du nicht so einen süßen kleinen Bruder? Ist der noch Single? Nein? Schade.«

»Nee, Leute, wirklich nicht ...«

»Mein Nachbar Bernd, den müsste ich dir mal vorstellen, der ist echt nett. So groß ungefähr, blond. Ganz knackig. Ich glaub, Elektrotechnik hat der studiert.«

»Lass mal gut sein.«

»Doch, doch, das fädele ich mal ein. Du kannst doch einfach mal zum Kaffee kommen und dann klingel ich bei ihm, und sag, wir hätten noch Kuchen.«

»Nein, danke. Ich bin eigentlich gerade ganz ...«

Es war zwecklos. Aber Omi wäre sicher entzückt. Ein solventer, kurzhaariger Elektrotechniker. Und Opi würde ihn sofort instruieren, statt der grässlichen Glühbirnen bei ihr endlich mal richtige Lampen aufzuhängen – »Wie sieht denn das aus? Bernd, du bist doch auch meiner Meinung, hier könnte man mal eine schöne Esszimmerlampe anbringen.«

Alleine mit ihrem Kind ging die vermeintliche Beziehungsversagerin, die – das wurde beim Abschiednehmen noch mal überdeutlich – natürlich auch eine Erziehungsversagerin war (»Zieh die Jacke an!« – »Nein, du kannst nicht ohne Mütze gehen!« – »Bitte, zieh die Jacke an!« – »Es ist Winter!« – »Ich sag es jetzt zum letzten Mal, zieh deine Jacke an!« – »Bitte, zieh die Jacke an ...«), an diesem Abend nach Hause. Und als das Kind endlich in seinem Bett lag, setzte sie ihr Testament auf. Es begann mit den Worten: Wer auch immer das Kind erbt, und ich hoffe inständig, niemand wird es jemals von mir erben müssen, der sorge bitte dafür, dass es im Winter eine Jacke anzieht und es auch sonst warm hat. Dann schaltete sie ihren neuen DVD-Player ein und drückte bis tief in die Nacht glücklich an seinen vielen Knöpfen herum.

Hinein ins Weekend-Feeling

Mama, was machen wir heute?«

Es ist Samstag früh. Sehr früh. Noch befindet sich die Angesprochene in einem angenehmen Dämmerzustand, in dem das Aufstehen weit weg und die ersehnte Rapid-Eye-Movement-Phase zum Greifen nah ist. Komm zurück, süßer Freund Schlaf, komm zurück. Hier liege ich und bin ganz dein.

»Mama! Was machen wir heute?«

Vergeblich versucht Mama, sich taub, blind und stumm zu stellen und den Kopf noch tiefer im Kissen zu vergraben. Aber die Stimme an ihrem Ohr will einfach nicht verstummen: »Mama. Was. Machen. Wir. Heu. Te.«

Der Tag ist noch keine halbe Stunde alt und dem Kind ist jetzt schon ... langweilig.

Die allein erziehende Mutter fürchtet das Wochenende wie der Teufel das Weihwasser. Warum ist nur montags, dienstags, mittwochs, donnerstags, freitags das Leben turbulent, der Terminkalender voll und die Zeit immer knapp? Und warum gähnt sie ab Samstagmorgen dann das Wochenende an wie ein großes schwarzes Loch? Wenn alle paar Monate mal Wochenende wäre, kein Problem. Aber das Jahr hat ja bekanntlich mehr als genug davon, nämlich insgesamt 52. Das macht 104 Tage schulfreie Sams- und Sonntage. 104 Tage, an denen die Zeit keine Eile und die Kleinfamilie wenig bis gar nichts zu tun hat.

Theoretisch könnte man sich ja verabreden. Leider aber ist die Auswahl an Freizeitpartnern am Wochenende stark eingeschränkt. Denn Wochenenden sind nun mal klassischerweise die Zeit, in der sich Vollfamilien lieber mit sich selbst beschäftigen wollen. Da wird dann endlich nachgeholt, was die Mutti unter der Woche alles alleine machen muss. Die Liste der aufregenden familiären Gemeinschaftsaktivitäten reicht von: gemeinsam frühstücken, gemeinsam einkaufen, gemeinsam zum Baumarkt fahren, gemeinsam kochen, gemeinsam essen, gemeinsam aufräumen, gemeinsam das neue Badezimmerregal aufbauen, gemeinsam feststellen, das es nicht ins Bad passt, gemeinsam darüber streiten, wer wieder welche Wand falsch ausgemessen hat, gemeinsam und mürrisch Abendbrot machen, bis: getrennt ins Bett gehen.

Bei Pärchen mit Kindern kann und will man sich also am Wochenende nur bedingt aufdrängen. Auch wenn die zugegebenermaßen meistens die größeren Wohnungen haben. Und auch noch passende Ford Escorts dazu. Aber wenn sich eine befreundete Vollfamilie wirklich ausnahmsweise mal zu einem Ausflug an den See aufrafft, dann passt die allein erziehende Kleinfamilie sowieso nicht mehr mit auf die Rückbank.

Mit Menschen ohne Kinder will man sich erst recht nicht verabreden. Nicht nur, weil deren gefühltes Wochenende samstags erst gegen 12 Uhr mittags beginnt, dann nämlich, wenn sie sich das erste Mal mühsam aus dem Bett quälen. Es folgen: Brunchengehen, Squashspielen, auf der Couch Liegen, Frauenzeitschriftenlesen. Und am Abend Happy-Hour-Cocktailtrinken mit den besten Freundinnen, wobei stundenlang den Kellnern hinterhergestarrt und über die anderen Frauengrüppchen an den Nebentischen gelästert wird. So hat sie das früher, als sie noch ein kinderloser Single war, auch gemacht und fand es alles in allem nicht die schlechteste Möglichkeit, ihre Zeit totzuschlagen. Als Mutter kann man leider an keiner dieser Aktivitäten länger als fünf Minuten teilnehmen. Spätestens dann ertönt nämlich des Nachwuchses wohlklingende Stimme: »Mama, wann gehen wir endlich? Mir ist so lang-wei-lig.« Und kein Mensch hat es je vermocht, diese drei Silben mit mehr existenziellem Leid zu intonieren. Ehrlich.

Die Langeweile einzudämmen vermag eigentlich nur ein Haufen anderer gelangweilter Kinder. Und weil man die selbst nicht hat, muss man sie sich mühsam von fremden Leuten ausborgen. Wenn möglich auch noch gleich zum Übernachten, denn dann ist der Sonntagvormittag auch schon gerettet. Der Haken: Die kleinen Strolche gehen vor lauter Freude über ihr Zusammensein nie vor 23 Uhr ins Bett und stehen dafür noch zwei Stunden früher auf als sonst, was zumindest bei dem eigenen Kind dann einen sehr schlecht gelaunten Sonntag zur Folge hat.

»Warum heulst du denn jetzt schon wieder? Gibt doch überhaupt keinen Grund.«

»Doch, wohl.«

»Ich glaube, du bist einfach müde.«

»Nein, bin ich nicht.«

»Heute Abend geht's jedenfalls beizeiten ins Bett.«

»Nein, ich will nicht ins Bett. Und ich bin auch nicht müde.«

»Dann hör auf zu heulen.«

»Nein.«

Trotzdem birgt die selbstlose Gastfreundschaft den Vorteil, dass sich die Eltern der eingeladenen Kinder nach dem dritten oder vierten Besuch moralisch unter Druck gesetzt fühlen und mit einer Gegeneinladung aufwarten. Bestenfalls springt für Mutti also langfristig auch mal ein kinderfreies Wochenende dabei raus. Und das ist mit diversen durchgejammerten Sonntagen doch wirklich nicht zu teuer erkauft.

Ach, allein. Sie traut sich ja kaum, es öffentlich zu sagen, aber sie wäre so gerne mal wieder ein paar Stunden allein. Ganz allein sein. Lesen. Musik hören – und zwar nicht Rolf Zukowski. Früher, als das Kind auch noch am Wochenende ein Mittagsschläfchen machte, gab es zumindest einmal am Tag die Möglichkeit einer spontanen Tiefenentspannung. Bei der spontanen Tiefenentspannung geht es darum, kürzeste Zeitsequenzen zur effektiven ganzheitlichen Gesamtkörpererholung zu nutzen. Das geht ungefähr so: Kind im Bett. Schnell, schnell eine Tasse türkischen Kaffee aufgebrüht, ein Stück Schokolade aus dem Geheimversteck geholt, Zeitung her, Füße hoch. Bis hierher bitte alles zack, zack. Einmal hingesetzt, gilt es dann, das Feuilleton so gelassen zu durchstöbern, als hätte man heute nichts anderes mehr vor. Und tatsächlich, wenn das Kind nach 32 Minuten wieder topfit und ausgeschlafen in der Tür steht – »Und was machen wir jetzt?« –, fühlt man sich so erholt wie nach einem dreiwöchigen Wellness-Urlaub im Kempinski in Heiligendamm.

Aber die schöne Zeit der Mittagsschläfchen ist unwiederbringlich vorbei. Und alle potenziellen Übernachtungsgäste haben für heute leider auch abgesagt. Wohl oder übel muss das Wochenende also diesmal ganz allein zu zweit durchgestanden werden. Das geht durchaus. Der Trick dabei ist: Es muss permanent laute Beschäftigung simuliert werden. Denn eigentlich ist es in einer Ein-Kind-Familie meistens ziemlich ruhig. Aus Sicht des Kindes: viel zu ruhig. Vor allem, seit auch noch der männliche Erwachsene dauerhaft weggefallen ist. Und man ahnt ja gar nicht, wie sehr sich ein

Kind und eine Mutter anöden können. Was nichts damit zu tun hat, dass sie sich nicht aus vollem Herzen lieben. Das tun sie wirklich. Aber Liebe allein füllt noch keine Vormittage. Als kluge Mutter weiß man das noch aus dem ersten Lebensjahr des Kindes.

Wie war das langweilig damals. Am liebsten hätte sie jedes Feuchttuch und jede Windel einzeln eingekauft, nur damit der Tag irgendwie mit wichtigen Aufgaben angefüllt war. Stattdessen: Rassel anreichen im 4-Sekunden-Takt und verzweifelte Versuche, in PEKiP-Gruppen neue Freunde fürs Leben zu finden. Leider wurde sie dort nach der dritten Sitzung gemieden, weil sie nicht mehr voll stillte. Als dann auch noch das eigene ungestillte Kind einem von den dümmeren gestillten Babys mit gezieltem Griff den Schnuller aus dem Mund zog, in den eigenen steckte und sich sofort tückisch zur anderen Seite drehte, hat sie sich gar nicht mehr hingetraut. Stattdessen hieß es wochenlang nur: Mama allein zu Hause. Nicht mal Zeugen Jehovas oder Putzmittelvertreter, die sie fantasievoll hätte in die Flucht schlagen können, verirrten sich damals ins heimische Jammertal.

Mit acht Monaten dann die entscheidende Wendung: Das Kind kann endlich sitzen. Ab auf den Spielplatz, in die Buddelkiste! Und endlich wieder unter Menschen! Auch wenn die einen mit Sand bewerfen oder mit ihren Eheproblemen belästigen.

Mutti für ihren Teil ist also schon durch die harte Schule der monatelangen Beschäftigungslosigkeit gegangen. Und hat gelernt. Zum Beispiel, dass es nützliche Hausmittelchen gibt, dem Überfluss an Freizeit wirksam zu begegnen. Vor allem gilt es, um jeden Handgriff möglichst viel Aufhebens zu machen und immer und überall Zeit zu schinden. Aufstehen, trödel, trödel, anziehen, trödel, trödel, Tisch decken, trödel, trödel, frühstücken, trödel, trödel, Tisch wieder abräumen. Trotzdem ist man noch vor neun Uhr mit all diesen Verrichtungen fertig. Was nun? Man könnte versuchen, irgendwie lustige Dinge zu tun. Andere Menschen toben doch auch stundenlang ausgelassen mit ihrem Nachwuchs herum. Jedenfalls sieht man das immer im Fernsehen. Macht doch Spaß. Und man kann auch mal so richtig sein kindlich gebliebenes Gemüt ausagieren.

Hoch motiviert und mit der festen Absicht, die kommenden zwei Tage in ein unvergessliches Spielparadies zu verwandeln, an das sich das Kind bis ins hohe Alter gerne zurückerinnern wird, kriecht sie also über den Teppich im Kinderzimmer, wickelt unter den strengen Augen der Tochter deren fünf Puppen, zieht sie aus, an, um und spielt dann mit ihnen Kindergarten, wobei sie abwechselnd als Mutter, Kindergärtnerin oder Kinderschar fungiert. Von dem Spiel haben die echte Mutter und das echte Kind nach genau 14,2 Minuten genug. Der Mutter hat es ehrlich gesagt schon nach 14,2 Sekunden gereicht, aber sie hatte, sich innerlich krümmend, weiter die engagierte Spielgefährtin geheuchelt.

Zum Glück finden sich in einer Kiste noch die alten Handpuppen und die kleine aufklappbare Tischbühne. Schnell lässt das Kind sich überzeugen, ein selbst erdachtes Theaterstück zum Besten zu geben. Mutti nimmt erleichtert auf einem der winzigen Stühle im Kinderzimmer Platz. Das Stück entbehrt leider jeder logischen Handlung, von einem Spannungsbogen ganz zu schweigen, nimmt aber immerhin acht Minuten in Anspruch. Vielleicht hätte es auch noch länger gedauert, aber das Publikum zog es vor, mit euphorischem Applaus ein vorzeitiges Ende herbeizuklatschen. Es folgen: Malen, Basteln, Singen, Vorlesen. Was alles in allem ungefähr 24 Minuten dauert. Um 9:41 Uhr, es ist natürlich immer noch Samstag, sind damit alle Spiele im Kinderzimmer restlos ausgeschöpft. Schon droht die friedliche Stimmung zu kippen, schon setzt das Kind zu seinem berüchtigten »Und was machen wir jetzt?«-Satz an. Mamas Hirn rotiert. Ein attraktives Outdoor-Programm muss her.

Die Möglichkeiten sind allerdings begrenzt. Längere Radtouren – schafft das Kind noch nicht. Das Museum mit den Dino-Skeletten – wird gerade renoviert. Zoo – schweineteuer, weit weg und zu zweit auch nur mäßig aufregend. Aquarium – schon besser, wäre eine Möglichkeit. Kindertheater – immer gerne, allerdings kennen Mutter und Tochter bereits das gesamte Märchenrepertoire aller im Umkreis von 30 Kilometern gelegenen Bühnen. Abenteuerspielplatz mit Wasserpumpe – vielleicht heute Nachmittag, da kann man danach gleich noch zu Hause in die Badewanne gehen. Kino – lieber für den Winter aufheben. Oder für später, wenn das Kind größer ist, sein Filmgeschmack differenzierter und Mama nicht zum zwölften Mal dem blöden Hasen Felix beim Weltreisen zugucken muss.

Na gut, für heute sind die Pläne geschmiedet, das Säcklein geschnürt und hinaus geht es in die weite Welt. Aber trotz ambitioniert-aktionistischster Eventplanung: Auch das ausführlichste Kindertheaterstück dauert kaum länger als hundert Minuten und auch der gemütlichste Besuch im Aquarium lässt sich nur mit Mühe über die Drei-Stunden-Marke hinaus dehnen, samt An- und Abreise per öffentlichen Verkehrsmitteln, versteht sich. Für ein 48-stündiges Wochenende wären also theoretisch nicht weniger als fünf bis sieben auswärtige Programmpunkte nötig. Was natürlich viel zu anstrengend und zum Glück auch unerschwinglich ist. Stattdessen müssen die Lücken mit kostenneutralen Spielplatzbesuchen – pro Aufenthalt im Durchschnitt: 73 Minuten – und unkompliziert zuzubereitenden Mahlzeiten – Vorbereitung: 17 Minuten, Verzehr: 9 Minuten, 1 Gummibärchen zum Nachtisch: 0,16 Minuten – gefüllt werden.

Der Samstag ist zu knapp zwei Dritteln geschafft, da kommt Mama eine ganz neue Idee. Hauptsächlich, weil sie die ewigen Nudeln mit Ketchup und Gummibär satt hat.

»Heute gehen wir mal ins Restaurant. Und jeder darf bestellen, was er will.«

Dann schlendern die beiden, trödel, trödel, zum Italiener an der Ecke. Wegzeit immerhin 6 Minuten. Dort fragt der Kellner, ob noch jemand erwartet wird – »Nein, wir sind nur zu zweit« – und bemüht sich daraufhin umso charmanter um Signora und Bambina. Mama bestellt sich eine Weißweinschorle, ist ja schon später Nachmittag, und das Kind kriegt ausnahmsweise eine Sprite. Man teilt sich dann noch eine Pizza Margarita. Die Konversation bei Tisch kreist zwar vor allem um die Frage, wann das Essen endlich kommt, aber Mama ist trotzdem froh, dass der Wortschatz der Tochter nicht mehr nur aus »ham ham«, »da da« und »gack gack« besteht. Ingesamt dauert das Auswärtsessen sagenhafte 47 Minuten. Auf dem Heimweg noch mal kurz am Spielplatz vorbeigebummelt und die kleineren Kinder vom Klettergerüst geschubst (14 Minuten), schon ist der Tag fast vorbei. Der Rest kann jetzt jedenfalls guten Gewissens mit Fernsehen ausgefüllt werden. Dann wird geschlafen. Ganze 10,5 Stunden lang!

Einer von 104 Tagen ist geschafft.

Am Sonntag scheint nicht die Sonne. Es regnet. Die Erde wird nass und Open-Air-Aktivitäten fallen allesamt aus. Mamas Kopf ist leer. Mamas Glieder sind schlaff. Nur das Kind ist wie immer voller Tatendrang. »Mama, was machen wir heute?« Irgendjemand hat mal behauptet, Kinder könnten sich auch sehr gut allein beschäftigen, man müsste sie nur beizeiten daran gewöhnen. Mama fragt sich, wann genau sie dieses pädagogische Zeitfenster verpasst hat. Vielleicht kann sie es ja jetzt nachholen.

»Ich habe eine gute Idee: Geh doch mal eine Weile in dein Zimmer und spiel was.«

Das Kind schaut seine Mutter sehr verständnislos an. Die Mutter schaut ermunternd zurück.

»Du könntest mir doch mal ein Bild malen. So ein ganz großes. Mit uns beiden drauf. Und einer großen Sonne. Und Sternen. Und einem Mond.«

Das Kind rührt sich nicht von der mütterlichen Bettkante. Die Mutter ergibt sich. Na ja, den Versuch war es wert.

Stattdessen also Schwimmbad. Das ist das übliche Sonntagsprogramm und sowieso immer Mamas letzter Trumpf im Ärmel. Der Vorteil: Man kann dort gleich vor Ort noch eine Pommes essen, womit das Mittagessen dann auch schon abgefrühstückt ist.

Nach 3,2 Stunden im Babybecken sehen Mutter und Tochter zwar aus wie schrumpelige Wasserleichen, aber das gegenseitige Anspritzen macht immer noch Spaß. Da entdeckt die Mama in der Menge ein vertrautes Gesicht aus der Ex-Kindergartengruppe.

»Guck mal, der Max ist auch hier.«

Wenn sie es jetzt geschickt anstellt, springt vielleicht doch noch eine ruhige Viertelstunde für sie raus.

»Geh mal rüber und frag ihn, ob er mit dir spielen will.«

Man soll das Kind doch ermutigen, soziale Kontakte zu pflegen, oder nicht? Nur keine falsche Menschenscheu. Und tatsächlich, Max freut sich über die unerwartete Begegnung. Vor allem, weil sie der Tochter eine Süßigkeit im Handyformat zur Bestechung mitgegeben hat. Aber das Beste erspäht Mama erst jetzt: Max ist heute mit seinem Papa da, und der wiederum ist ganz offensichtlich ein Wochenendvater. Großartig! Wochenendväter erkennt man übrigens an einer gewissen verbissenen Spiel- und Spaßbereitschaft.

An den jauchzenden »Los, wir tauchen um die Wette«-Ausrufen. Oder: »Hier, fang, wenn du kannst!« Oder: »Wer zuerst umgezogen ist, hat gewonnen!« Dabei haben sie immer diesen schwungvollen Tonfall drauf. Mit vielen imaginären Ausrufungszeichen. Und folgendem Subtext: Bin ich nicht ein engagierter Vater, Ausrufezeichen. Guckt mal, wie ausgelassen ich mit meinen Kindern tobe, Ausrufezeichen. Wie eng und vertrauensvoll unser Verhältnis ist, Ausrufezeichen. Und wie gut ich mich in meiner Freizeit um sie kümmere, Ausrufezeichen. Damit mache ich ja wohl meine Abwesenheit unter der Woche dreimal wett, Ausrufezeichen.

Ja, ja, nur weiter so, Ausrufezeichen. Und tatsächlich, Max' Vater projiziert seine Planschbegeisterung sofort vom eigenen Söhnchen auf das fremde Mädchen, spendiert auch der gleich noch ein Würstchen und ein Eis und rutscht sich danach mit den beiden 48 Minuten lang hingebungsvoll die Seele aus dem Leib. Ohne einen Funken schlechten Gewissens genießt die Vollzeitmutti in der Zwischenzeit ihre Zeitungslektüre, natürlich nicht ohne sich hinterher brav beim Wochenendpapa für die Bespaßung zu bedanken.

»Ach, das hat doch gar keine Mühe gemacht! Im Gegenteil! Das war total lustig zu dritt! Stimmt's, Max? War lustig, oder?«

Ja, war lustig. Und weil jetzt auch noch der Bus leider, leider gerade weg ist, landet Mama gleich den nächsten Coup. Indem sie nämlich sehr undemokratisch beschließt, dass die Kleinfamilie den 4,5 Kilometer langen Heimweg zu Fuß zurücklegen wird. Bei, trödel, trödel, durchschnittlich 2,3 km/h kindgerechter Geschwindigkeit macht das knappe zwei Stunden. Und schon ist der halbe Nachmittag auch rum. Der Rest vergeht dann zu Hause erstaunlich schnell mit Mensch-ärgere-dich-nicht- und Arztspielen, wobei die Mutter zum Glück bei Ersterem immer verliert und bei Zweiterem immer die Kranke sein darf und wegen komplizierter Arm-, Bein- und Bauchoperationen und langwieriger Nachbehandlungen an Ober-, Mittel- und Unterkörper auf der Couch liegen muss.

Im Kinderbett zufrieden aneinander geschmiegt, lassen die beiden Familienmitglieder den Tag gegen 19:47 Uhr Revue passieren und pünktlich zu den Nachrichten ausklingen. Wenn jetzt heute Abend noch ein *Tatort* kommt und wenn es nicht der aus Leipzig ist, dann war das doch alles in allem ein ganz passables Wochenende. Wie schön, dass in 132 Stunden schon wieder das nächste beginnt.

Unbefleckte Empfängnisverhütung

Weil es so schön und innig ist so allein mit dem einen Kind – so innig, dass das Kind regelmäßig neben der Kloschüssel Spalier steht, während die Mutter den Tampon zu wechseln versucht –, hätte man eigentlich gerne noch ein zweites. Noch mal so ein winziges, süßes, knautschiges Baby. Das am Kopf gut riecht und im Schlaf putzig das Gesichtchen verzieht. Das man immerzu knuddeln und küssen kann. Und mit dem man vorerst noch nicht die Einzelheiten des weiblichen Zyklus besprechen muss. Immerhin haben alle anderen Muttis in der Nachbarschaft mittlerweile auch schon nachgelegt. Und wo steht geschrieben, dass man sich, nur weil man allein stehend ist, mit einem Kind zufrieden geben muss? Das wäre doch, mit den Worten des moralisch häufig hoch entrüsteten Einzelkindes gesprochen, »voll ungerecht«. Nein, wie jede andere Frau jenseits der 35 hat man das gute Recht, den einmal eingeschlagenen Weg der Vermehrung fortzusetzen.

Das Kind tönt neuerdings übrigens mindestens genauso laut wie der tickende Uterus und klagt vehement sein Grundrecht auf Geschwister ein. Zur Untermauerung seiner Forderung bedient es sich seines liebsten rhetorischen Mittels: der Verallgemeinerung.

»Alle haben Geschwister, nur ich nicht.«

Sonst lässt man diese Argumentationsstrategie »Nie darf ich dies, immer muss ich das« nicht gerne gelten, aber in diesem Fall hat das arme Einzelkind doch irgendwie Recht. Trotzdem versucht die mit allen Wassern der Diplomatie gewaschene Mutter, das Thema mit einem dezenten Hinweis auf die momentanen Lebensumstände ad acta zu legen: »Aber dazu bräuchten wir doch erst mal wieder einen Papa.« Dann wird das Kind behutsam an den eigenen Zeugungsvorgang erinnert: »Du weißt doch, wie Mama und Papa dich gemacht haben. Weil sie sich ganz lieb hatten und immer in einem Bett geschlafen haben.«

Das Kind, das mittlerweile mehr anatomisches Wissen angehäuft hat, als einem lieb sein kann, ergänzt fachmännisch: »Und dann hat Papa seinen Pullermann in deine Muschi gesteckt.«

Ja, genau, so war das, auch wenn man daran nur noch ungern erinnert wird. Aber das kluge Kind lässt nicht ab, sondern macht umgehend einen äußerst konstruktiven Vorschlag: »Wieso kann Papa nicht noch mal kommen und den Pullermann noch mal reinstecken?«

Ja, wieso eigentlich nicht. Das wäre doch mehr als logisch, wenn man sich ein Geschwisterchen wünscht, oder? Man könnte ihn ja gleich mal anrufen und fragen. »Du, Jens, ich weiß, wir hassen uns und sprechen eigentlich nicht mehr miteinander, aber hättest du nächste Woche mal Zeit, hier vorbeizukommen und mir noch ein Kind zu machen?«

Um sich selbst und den abwesenden Herrn Papa nicht weiter reinzureiten, beendet man an dieser Stelle das heikle Thema mit einem gemeinen Ablenkmanöver: »Weißt du was, wir gehen jetzt ein großes Bumm-Bumm-Eis essen, ja?«

»Au ja«, schreit das Kind verblüfft und hat dann für die

nächste Stunde wirklich Wichtigeres als ein Geschwisterchen im Sinn.

Dafür ist Mama insgeheim auf den Geschmack gekommen. Nicht Sex mit dem Ex, Gott bewahre, aber ein zweites Kind, ganz im Ernst, das wär's doch. Nicht mehr diese Ein-Kind-ein-Erwachsener-Minifamilie. Mit noch einem Kind wäre es doch gleich doppelt so lustig. Und ob sie wegen einem oder zwei Kindern auf Jahrzehnte ans Haus gefesselt und beruflich unvermittelbar ist, macht eigentlich auch keinen Unterschied mehr. Sie ist jetzt ohnehin schon daran gewöhnt, tagsüber hauptsächlich von Luft und Liebe zu leben und nachts husch, husch den Hausflur zu wischen und den Müll runterzubringen.

Von der praktischen Seite aus betrachtet würde ein Zweitkind kaum zusätzliche Umstände machen: Die Schwangerschaftshosen und -blusen liegen noch in einer Kiste im Keller. An die Geburt kann sie sich nicht mehr erinnern, so schlimm kann sie offenbar doch nicht gewesen sein. Stubenwagen, Gitterbett, Wickelkommode, Buggy, BabyBjörn, Maxi-Cosi, Kleidung Gr. 56–122 sind vorhanden. Das erneute Ausfüllen des Erziehungsgeldantrags wäre diesmal in wenigen Tagen erledigt. Der Babysitter käme auch nicht teurer, wenn man ihn für zwei Kinder engagieren müsste. Und um den zweiten Kindergartenplatz würde man nicht monatelang betteln müssen, Geschwisterkinder wurden immer genommen. Eine kleine Umfrage im Bekanntenkreis ergibt außerdem, dass die Voraussetzungen für ein Zweitkind denen für das Erstkind ähneln: Übereinstimmend betonen alle Mehrfachmütter, wenn man gleichzeitig reden, spülen, stillen und Pfannkuchen machen könne; wenn man parallel den Kinderwagen schieben, die Einkäufe schleppen und bei Handyanrufen dennoch ruhig und souverän wirken könne; wenn man noch vom Gebärhocker aus seine Kontobewegungen im Blick behalten, den nächsten Kindergeburtstag planen und eine kurzweilige Diashow für die Rubinhochzeit der eigenen Eltern organisieren könne; wenn man also, kurz gesagt, nicht zu hektischen Flecken und hysterischen Anfällen neige, dann sei man bestens gerüstet fürs Zweitkind.

Also noch ein Kind. Au ja, juhu! Aber woher nehmen, wenn nicht stehlen?

Sie könnte natürlich versuchen, es auf konventionelle Weise mit einem so genannten neuen Partner zu zeugen. Das hieße aber, sie müsste erst mal wieder einen solchen finden. Und da Männer mittleren Alters bekanntlich nicht vom Himmel fallen, geschweige denn ansprechbereit auf Spielplatzbänken rumlungern – und wenn da doch mal welche sitzen, dann ist das selten die Sorte, nach der man Ausschau hält –, da also volljährige, paarungswillige Singlemänner ganz sicher nicht von allein in Mamas Leben treten würden, müsste sie aktiv auf die Jagd gehen. Zu diesem Zweck müsste sie sich wahrscheinlich am besten in angesagten, aber dennoch niveauvollen Cafés für Menschen ihres Alters herumtreiben und dort auch noch wahnsinnig exaltiert gebärden, damit überhaupt mal wieder einer von diesen smarten Mittvierzigern den Kopf in ihre Richtung wendet. Und sei es nur, um ihr mit genervtem Blick zu verstehen zu geben, dass sie doch gefälligst ein bisschen geräuschloser ihren Power Chai zu sich nehmen solle.

Gesetzt den unwahrscheinlichen Fall, dass sie auf diese Art tatsächlich in näherer Zukunft einen vertretbaren Kandidaten für den nächsten Lebensabschnitt findet, dann fängt die eigentliche Arbeit leider ja überhaupt erst an. Das eifersüchtige Kind muss dressiert werden, damit es sich in Anwesenheit des Eindringlings von seiner liebreizendsten Seite zeigt. Dann sind mit dem fremden Mann nächtelang Unterhaltungen über – gähn – Gott und die Welt, seine

Exfreundinnen, seine Kindheitserinnerungen und seine Zukunftspläne zu führen. Gegenseitig muss sich aus den vergilbten Poesiealben vorgelesen und die Verwandtschaft vorgestellt werden, zusammen muss eine Wohnung bezogen, ein Haus gebaut, ein Baum gepflanzt, eine Waschmaschine angeschafft werden. Heimlich muss sie die Nervenstärke des Neuen testen, seine Toleranzschwelle ausloten und seine Erziehungsmethoden beobachten. Bis sie dann nach viereinhalb gemeinsamen Jahren und drei überstandenen Beziehungskrisen erstmals vorsichtig auf das Thema Nachwuchs zu sprechen kommen dürfte: »Du, hab ich schon erzählt, Uta ist auch schon wieder schwanger. Wahnsinn, dass die sich das noch mal zumutet, den ganzen Babystress. Die durchwachten Nächte und das alles. Ich bin ja heilfroh, dass ich das hinter mir habe. Wirklich. Obwohl es fürs Kind natürlich schade ist, so allein aufzuwachsen. Und vom Abstand her wäre es eigentlich auch nicht schlecht, wenn man nicht ausgerechnet zwei Wickelkinder gleichzeitig hat. Und überhaupt, manchmal denk ich ja, das wäre doch ganz schön, noch mal so ein kleiner Zwerg im Haus. Und du und ich, wir hätten bestimmt echt hübsche Kinder. Aber, na ja, das ist natürlich alles jetzt nur so dahergesponnen.«

Danach braucht der neue Mann vermutlich weitere zwölf Monate, um den Schock zu verdauen. In dieser Zeit muss sie beharrlich bei jedem vorbeifahrenden Kinderwagen wonnig seufzend und trotzdem inbrünstig beteuern, dass sie wenige Wochen nach einer etwaigen Geburt sofort wieder Vollzeit zu arbeiten gedenke, sprich: keineswegs von ihm die Bestreitung ihres zukünftigen Lebensunterhalts erwarte. Und dass sie ihn im Falle einer Trennung niemals, niemals, niemals auf Unterhalt verklagen würde.

Wenn sie all das lange genug durchgehalten hat, wird er vielleicht eines Tages tatsächlich andeuten, dass ein weiteres Kind im Bereich des Denkbaren liegt. Nicht jetzt gleich natürlich, aber so im Laufe der nächsten Jahre vielleicht. – Man muss nicht Mathematik studiert haben, um zu verstehen, warum diese Möglichkeit definitiv ausfällt. So viel fortpflanzungsfähige Lebenszeit hatte sie einfach nicht mehr, als dass sie sie derart hemmungslos hätte vertrödeln können.

Aber wie könnte sie sonst noch schnell und bald an ein Kind kommen? Sich heimlich von einem Liebhaber schwängern lassen? Abgesehen davon, dass sie keinen hatte, wäre ein fiktiver Bettgefährte womöglich beleidigt, wenn sie ihn derart ausnutzen würde. Und wollte vielleicht noch jahrelang darüber diskutieren. Oder regelmäßig zu Besuch kommen, um eine »Beziehung« zu »seinem« Kind zu entwickeln. Grässlicher Gedanke. Auch hatte sie leider keinen gut aussehenden Schwulen im Freundeskreis, der sich mit ihr auf ein soziologisch interessantes Fortpflanzungsexperiment eingelassen hätte. Befreundete heterosexuelle Männer zu ungeschütztem Sex zu überreden, stellte sich ebenfalls als ziemlich schwierig heraus. Gerade bei sich überraschend anpirschenden Müttern hatten Männer jeden Alters offenbar eine intuitive Heidenangst, die Werbende könnte so verrückt sein, auch von ihnen gleich wieder schwanger werden zu wollen. Jedenfalls wollten die zwei, die die Mutter mit viel Mühe überhaupt überreden konnte, nach einem gemütlichen Videoabend ausnahmsweise mal über Nacht zu bleiben, lieber auf der Couch schlafen.

Nach diesen so umständlichen wie unergiebigen Anläufen befand die Single-Mama, dass sie die Sache grundsätzlich anders angehen musste. Einen leichtsinnigen Beischläfer galt es zu finden. Einen, dessen Verstand sich beim Anblick der großartigen Frau, die sie ja zweifellos war, sofort nachhaltig vernebeln würde. Oder dessen Verstand beim Anblick der großartigen Frau bereits aus anderen Gründen nachhaltig vernebelt war. Im Klartext: einen, der betrunken genug war, die Sache mit der Verhütung aus Versehen zu vergessen. Sie mochte gar nicht daran denken, was das wieder für ein organisatorischer Aufwand war. An den entscheidenden fruchtbaren Tagen, die natürlich am allerbesten auf ein Wochenende oder auf die Karnevalskernzeit fallen sollten, das Kind zu den Großeltern auslagern, und dann in eine mindestens 40 Kilometer vom eigenen Wohnort entfernte und für ihr Nachtleben bekannte Großstadt fahren. Diese Vorsichtsmaßnahme wäre dringend nötig, weil man dem ahnungslosen Samenspender ja in den nächsten 20 Jahren nicht unbedingt zufällig vor den Saftregalen beim Getränkehändler in die Arme laufen will: »Ach, hallo, äh ... Iris?«

»Ines.«

»Genau, Ines. Ist lange her, wa. Wie geht's?

»Gut. Gut. Und dir.«

»Danke, kann nicht klagen. Dein Kind?«

»Ja. Meins.«

»Na du Kleener, tutsi, tutsi. Wie du sieht's ja nicht aus. Kommt wohl eher nach dem Vater.«

»Mhm. Du, ich muss los. Man sieht sich.«

In besagter weit entfernter Großstadt müsste sie sich mit kniehohen roten Lackstiefeln und einer Perücke im gleichen Farbton verkleidet aufreizend an den Tresen einer üblen Baggerbude setzen, die geschminkten Lippen an einem süßen Sekt nippend, und auf Kundschaft, pardon: neue Bekanntschaft warten. Der sie sich dann mit den Worten »Hallo, ich bin die Peggy. Haste nicht Lust, mir ein bisschen Gesellschaft zu leisten?« vorstellen würde. Im Verlauf des Abends müsste sie unauffällig auf Erbkrankheiten in der Familie zu sprechen kommen, auf besondere Häufungen von Epilepsie oder Down-Syndrom oder auch nur den Hang zu Glatzenbildung, Adipositas und Segelohren – ohne dass die Gesamtsituation ihre verführerische Grundstimmung einbüßt, natürlich.

Seien wir ehrlich: Selbst einer einigermaßen praktisch veranlagten Frau, die Romantik lediglich für eine verkaufsfördernde Erfindung der Film- und Verlagsbranche hält, vergeht bei dieser Vorstellung jede Art von Kinderwunsch. Außerdem findet sie insgeheim sowieso, dass der Samenraub eine eher suboptimale Methode ist, um der Familie zu Zuwachs zu verhelfen. Offiziell hätte sie zwar gegen jede Form von diskriminierendem biologistischen Determinismus sofort lautstark protestiert, aber so ganz privat gesprochen wäre es ihr eigentlich doch am liebsten, wenn bei den eigenen Kindern kein fremdes Erbgut ihr gutes eigenes verderben würde.

Also kein erschlichenes Besenkammerbaby. Woher aber dann ein Zweitkind nehmen? Samenbanken für Alleinerziehende gab es hierzulande ihres Wissens nach nicht und in allen Online-Info-Broschüren zum Thema Adoption wurde unmissverständlich klargemacht, dass ein adoptionswilliges Paar drei Jahre verheiratet sein, nicht über 40 Jahre alt und in stabilen Verhältnissen leben sollte. Als Beweis lasse das Jugendamt ein festes männliches Monatseinkommen gelten.

Abgesehen davon, dass sie diese Kriterien frühestens in ihrem nächsten Leben erfüllen könnte, wenn sie zur Strafe für ihre vielen Sünden als Zahnarztfrau in Recklinghausen wieder geboren würde, war die Wahrscheinlichkeit, in einer stickigen Spelunke einen gut gewachsenen und kerngesunden Germanistikdozenten zu finden, immer noch ungleich höher, als als ledige Mutter jemals ein verwaistes Zweitkind zugesprochen zu bekommen.

Sie haderte noch eine ganze Weile damit, dass das mit dem Adoptieren nicht erlaubt und das mit dem Klonen noch nicht salonfähig, geschweige denn durchführbar war. Typisch überregulierter Sozialstaat. Und typisch männlich dominierte Forschung. Die moderne Medizin hatte doch sonst schon viel erreicht, wieso also hatte sie es versäumt, dafür zu sorgen, dass man sich als Frau selbst schwängern konnte, und zwar wann, wie und wo man gerade Lust dazu hatte? Durch die Erfindung eines Schwangerschaftsvirus zum Beispiel. Mit dem man sich so anstecken könnte wie mit dem rasselnden Husten, den das Einzelkind regelmäßig aus der Vorschule mitbrachte. Sie hätte alles getan, um sich irgendwo zu infizieren: beim Frauenarzt ihren Hintern auf dem noch warmen Stuhl gerieben, auf dem gerade diese schnaufende werdende Mutter saß, heimlich an den weggeworfenen Taschentüchern der schwangeren Spielplatzmuttis geschnüffelt, im Schwimmbad einer schwitzenden Schwangeren das Handtuch geklaut oder den Löffel abgeleckt, mit dem die kugelrunde Freundin gerade ihren koffeinfreien Kaffee umgerührt hatte. Oder warum konnte man sich nicht selbst befruchten, beim Berühren von anderer Leute käseschmieriger Neugeborener oder beim Anblick eines Fotobildbands mit bunten Blumenwiesen, über deren pralle Kelche die Bienenschwärme kreisten?

Ideal für ihre persönliche Situation wäre eine Mischform aus spiritueller Fremdbestäubung und eigeninitiativer Zellteilung. Besser als ihre Nase in die gebrauchten Taschentücher anderer Leute zu stecken. Und wäre es nicht sehr poetisch, dem Kind in zehn Jahren, wenn es nach seiner Herkunft fragt, sagen zu können: »Ich habe dich mit der ganzen Kraft meines großen Herzens so sehr herbeigesehnt, dass eines Tages dann tatsächlich mein Bauch anfing dicker und dicker zu werden.« Gut, das war kitschig, aber immer noch besser als: »Mir war es mit dem einen Kind zu langweilig, da ging ich des Nachts in eine Wirtschaft und ließ mir von einem schnauzbärtigen Stammgast mit beginnender Leberzirrhose einen Braten in die Röhre schieben.«

Aber es half alles nichts. Selbst dass sie neuerdings den Newsletter dieser amerikanischen Klon-Sekte zugeschickt bekam, hatte sie ihrem Ziel noch nicht nennenswert näher gebracht. Wie man es auch drehte und wendete, um die Sache mit dem Pullermann kam sie offensichtlich nicht herum. Oder doch? Vielleicht sollte sie noch mal das Einzelkind um Rat fragen, das schien sich ja mit den Tücken des weiblichen Unterleibes ganz gut auszukennen: »Mama, hast du wieder die Tage?«

»Mhm. Du, sag mal, willst du eigentlich immer noch ein Geschwisterchen haben?«

»Ja, klar.«

»Aber guck mal, wir haben doch gerade gar keinen Mann dazu. Und du weißt doch, ohne Mann kann ich keins in meinen Bauch machen.«

»Können wir nicht eins kaufen? Aber ich möchte einen Bruder, keine Schwester.«

Na bitte. Spitzenidee. War sie noch gar nicht drauf gekommen. Dabei machten das die ganzen magersüchtigen, allein erziehenden Hollywood-Diven doch genauso. Schickten ihre Shopping-Assistentin los, um einem halbwüchsigen brasilianischen Straßenmädchen mit hübschen dunklen Augen und schönem Teint deren siebtes Kind abzukaufen. Nachdem sie das Sparschwein des klugen Einzelkindes unauffällig um eine Hand voll Münzen erleichtert und in einer ihrer Hosen sogar noch einen zerknitterten 20-Euro-Schein gefunden hatte, beschloss sie, gleich morgen auch endlich das ersehnte Geschwisterchen zu besorgen.

»Aber dass es ein Bruder wird, kann ich dir nicht versprechen. Das kann man sich nämlich vorher nicht aussuchen. Wir nehmen einfach das Billigste, okay?«

Bewerbung No. 89

Sehr geehrter Herr Schulze,

als ich neulich die Fusseln aus den Zehenzwischenräumen meiner Tochter pulte, kam mir die Idee, mich bei Ihnen als Referentin im Ministerium für Familie, Jugend und Soziales zu bewerben.

Warum ich als junge Mutter zurück ins Berufsleben strebe, damit will ich Sie als Experten nicht lange langweilen. Ich sage nur: Trennung, Hartz IV, ALG II. Darüber hinaus will bzw. muss ich noch aus viel wichtigeren Gründen umgehend Arbeit finden. Um Ihnen das zu erklären, möchte ich kurz ausholen:

Ich habe mich, allen Statistiken über die Zeugungs- und Gebärmuffeligkeit deutscher Männer und Frauen zum Trotz, bereitwillig bereit erklärt, zwei (zwei – nicht 1,3!) Kinder zu bekommen und aufzuziehen. Das ist gegenüber der Rentenkasse und den anderen Sozialversicherungssystemen insgesamt sehr nobel von mir, das werden Sie als Experte zugeben. Aber damit nicht genug. Nun, wo ich die Kinder schon mal habe, sehe ich es natürlich auch als meine oberste Pflicht an, diesen Kindern erstens regelmäßig die Zehzwischenräume zu säubern und sie zweitens zu leistungsstarken Bürgern zu erziehen, die dieses Land so dringend braucht. So weit stimmen Sie mir sicher zu.

Nun also zur Motivation meiner Bewerbung: Da es – wie oben ausgeführt – mein Wille und meine Pflicht ist, meinen überdurchschnittlich zahlreichen Nachkommen die für den Fortbestand dieses Staates bestmögliche Förderung angedeihen zu lassen, brauche ich sehr dringend Arbeit und Geld. Und zwar unbedingt beides.

Gerne möchte ich Ihnen die kausalen Zusammenhänge zwischen mütterlicher Berufstätigkeit und zukünftiger Bildungselite kurz darlegen: Wenn ich einer Arbeit nachgehen könnte, die mich erstens so zufrieden macht, dass ich abends gut gelaunt nach Hause komme, um mich dort wenige, aber umso qualitativ hochwertigere Stunden (Stichwort: quality time! aber das wissen Sie als Experte natürlich) meinen zeitweise fremdbetreuten Kinder zu widmen, und die es mir zweitens ermöglicht, meinen Kindern je nach Neigung und Begabung Zugang zu kostenpflichtigen Bildungseinrichtungen zu verschaffen, dann würden sich ergo sowohl meine Vorbildfunktion und meine psychische Stabilität, als auch meine sicheren finanziellen Verhältnisse positiv auf die Bildungskarrieren meiner Kinder auswirken.

So weit konnten Sie mir sicher folgen. Aber es kommt noch besser: In nur wenigen Jahren würden meine Kinder, durch ihre hochkarätige Ausbildung hervorragend auf verantwortungsvolle Managementpositionen vorbereitet, aktiv an der Sicherung und Mehrung von Arbeit und Wohlstand in diesem Land mitwirken. Und weil ihnen ihre Mutter auch noch so vorbildlich vorgelebt hat, wie gut sich Mutterschaft und Beruf verbinden lassen, würden meine Kinder womöglich sogar selbst zwei bis drei Kinder bekommen. Den gleichen Effekt hätte mein Beispiel übrigens auf meine zahlreichen 20- bis 40-jährigen Kolleginnen, die sich von meinem schönen Anblick unbewusst zur Mutterschaft ermutigt sehen würden. Um mich herum würde also in kürzester Zeit ein reges Gebären einsetzen. Sie ahnen, worauf ich hinauswill: Aufschwung und demografischer Wandel rücken in greifbare Nähe.

Auch wenn ich also liebend gern weiter mein üppiges Arbeitslosengeld vor dem Fernseher durchbringen würde – Sie sehen sicher ein, dass ich diese privaten Vorlieben hintanstellen muss, weil ich es Vater Staat und meinen Kindern schuldig bin, einer Berufstätigkeit nachzugehen.

In diesem Sinne frage ich nicht, was mein Land für mich tun kann, sondern überlege weiter, was ich für mein Land tun kann (wenn Ihnen noch was einfällt, lassen Sie es mich wissen), und verbleibe mit bürgerlichen Grüßen,

Ihre
Astrid Herbold

Kassensturz

Die gute Nachricht zuerst: Irgendwie übersteht man die notorische Geldnot immer. Die schlechte Nachricht: Wenn man in diesem Leben angetreten ist, sorgenfrei seine Tage rumzubringen, dann hätte man tun sollen, wozu einem der eigene Vater schon in der Grundschule geraten hat: nämlich einen reichen Mann heiraten. Aber man hat den Ratschlag natürlich in den Wind geschlagen und seine eigenen Erfahrungen machen wollen. Und diese wertvollen, selbst gemachten Erfahrungen gipfeln, wer hätte das gedacht, in der banalen Erkenntnis, dass das Leben teuer ist, Kinder einem die Haare vom Kopf fressen und sowieso die Falltür auf dem kurzen Weg in den sozialen Abgrund darstellen.

Diesem Schicksal hat Mama nun die Stirn geboten. Erst einmal, indem sie sich neulich für 29 Cent ein liniertes Heft mit Strich in der Mitte gekauft hat: so eines, das sie früher für die Französischvokabeln besaß. Links vom Strich hat sie »Habenseite« und rechts vom Strich »Sollseite« hingeschrieben. Auf der Habenseite hat sie alles aufgelistet, was andere regelmäßig an Bimbes von ihr haben wollen: 616,34 € Warmmiete will der Immobilienhai von einem Vermieter für die düstere 75-qm-Wohnung, obwohl der Wasserschaden im

Bad und der Schimmel hinter der Wohnzimmertapete seit zwei Jahren nicht behoben wurden; 195,12 € Essensgeld, Kita- und Hortgebühren verlangt das Bezirksamt für schulische und kindergärtnerische Angelegenheiten, obwohl es jeden dritten Tag Kartoffeln mit Magerquark gibt; 194,28 € wollen alle möglichen hoch qualifizierten privaten Lehrkräfte für Klavier-, Schwimm-, Tanz-, Flöten- und Englischunterricht, 45 Minuten pro Woche, Ferien natürlich durchbezahlt. 118,29 € im Monat wollen diverse global agierende Kommunikations-, Medien- und Versicherungskonzerne für Telefon, Handy, Haftpflicht usw.

51,09 € im Quartal will das Öffentlich-Rechtliche für seinen staatlichen Informationsauftrag und die Finanzierung von so hochwertigen Formaten wie »Das Hochzeitsfest der Volksmusik« oder »Babs Becker plaudert mit Bunte-TV unter den Palmen von Santa Monica«. Die zwei Kinder unserer armen Mutter, die übrigens genau wie ihre Mama lange unter keiner Palme mehr geplaudert haben, wollen auch allerhand – Diddlblöcke, Rollerblades, eigene Zimmer –, kriegen es aber meistens nicht. Sie sind zum Glück gleichen Geschlechts, schlechte Esser und wachsen sehr, sehr langsam, weshalb die Millionäre, denen C&A, H&M, Aldi, Plus, Lidl und Netto gehören, nur rund 267,06 € im Monat bekommen.

Dann schreibt Mama alle Gelder, die sie kriegen soll, auf die Sollseite. Das sind nur Peanuts und geht darum ziemlich schnell: Kindergeld vom Arbeitsamt, Wohngeld vom Wohnungsamt, Unterhalt vom Kindsvater. Wobei der Unterhalt eigentlich eine extra Rubrik bräuchte, weil sie den zwar theoretisch kriegt, praktisch aber immer erst nach sieben bösen Telefonaten drei Monate zu spät und dann natürlich auch nur teilweise auf dem Konto hat. Einkünfte aus Renten, Vermietungen, Aktienfonds sowie ausländischen Kapitalanlagen liegen darüber hinaus nicht vor, weshalb unter dem Strich, den sie sorgfältig mit dem Lineal unter die Liste gezogen hat, ein vierstelliger Betrag mit Minuszeichen davor steht. Und so liegt unsere arme Mutter nachts wach und überlegt. Erstens, wie sie zu mehr Geld kommen könnte, und zweitens, wo überall sie noch vermeiden kann, es dann wieder auszugeben.

Soweit sie es überblickt, sind die Einsparungsmöglichkeiten leider weitgehend ausgeschöpft: Kleidung für Kind 1 und Kind 2 wird hauptsächlich im Second-Hand-Laden gekauft, Kinderschuhe gibt's bei Tchibo, Hefte und Stifte bei Rudis Resterampe. Und Lebensmittel in Büchsen und vom Discounter. Da kann man übrigens manchmal auch andere tolle Schnäppchen machen: stabile Scheinholzschreibtische, modische Polyesterpullover und praktische Allwetterjacken in Blaugelb oder Gelbblau. Unsere arme Mutter selbst trägt seit Jahr und Tag ihre Kleidung aus besseren Tagen auf, auch wenn die Hosen mittlerweile am Bauch ein bisschen ins welke Fleisch schneiden und innen zwischen den Oberschenkeln, die früher vielleicht doch eine Spur dünner waren, zu starkem Abrieb neigen. Dafür sind die Strickjacken über die Jahre mitgewachsen. Und die hellbraunen Halbschuhe von 1995 werden sicher in der nächsten oder übernächsten Saison wieder modern. Bis dahin müssen sie noch halten.

Zimperlich ist unsere arme Mutter auch bei der Haushaltsführung nicht. Geheizt wird nur bei Minusgraden und dann auch nur in Zimmern, in denen man sich längere Zeit wach aufhält, also niemals im Schlafzimmer oder im Bad. Frische Luftzufuhr erhält die Wohnung nach dem bewährten Stoßlüftungsverfahren. Außerdem hat die Familie bei »Unser buntes Baumwollinchen« neulich eine praktische senfgelbe Strickrolle erstanden, die jetzt zum Zweck der Bodenritzendämmung innen vor der Wohnungstür liegt, damit die mühsam angestaute Warmluft nicht in den zugigen Hausflur entweicht. Wer trotzdem friert, soll sich bei dem, was er gerade macht, gefälligst ein bisschen mehr bewegen oder morgens kalt duschen, das härtet ab und ist sowieso gut für die Gesundheit. Weitere Sparmaßnahmen: Freunde und Bekannte werden selten und wenn, dann nur zu Jeder-bringt-was-mit-Partys eingeladen; Essensreste dieser Partys überleben wochenlang im Kühlschrank und enden zuletzt in farbenfrohen, wenn auch geschmacklich eigenwilligen Pfannengerichten. Der Gefrierschrank läuft nur auf niedrigster Kältestufe; auf jeden kochenden Topf gehört ein Deckel; Wäsche wird selbstverständlich auf dem Ständer, nicht in einem stromfressenden Trockner getrocknet; der Letzte macht hinter sich das Licht aus, und wer den Fernseher über Nacht auf Standby anlässt, kassiert einen mordsmäßigen mütterlichen Anschiss samt ausführlicher Belehrung über Energieverschwendung, Atomkraftwerke, Umweltverschmutzung und den Untergang der Menschheit insgesamt.

Aber trotz all dieser wackeren Sparbemühungen, die die Familie regelmäßig an den Rand von Lebensmittelvergiftungen und chronischen Lungenentzündungen bringen, ist es unserer armen Mutter noch immer nicht gelungen, bei ihrer Cash-Bilanz eine schwarze Null zu erzielen. Bleibt die Suche nach möglichen Methoden zur Einnahmenmehrung. Zwischen Montag und Freitag 8.00 bis 16.00 Uhr könnte sie ja eigentlich gut und gerne arbeiten gehen, denn da sind die Kinder in staatlicher Obhut. Allerdings hat sie natürlich kein Auto, und je weiter sie pendeln muss, desto kürzer kann sie arbeiten. Also mit dem Fahrrad zu einem möglichen Arbeitsplatz? Und das in dieser hügeligen, ozon- und feinstaubverpesteten Stadt, gesund ist das natürlich nicht, womöglich wird sie dadurch lungenkrank, überfahren, verkrüppelt, arbeitsunfähig. Besser also, sie könnte sich eine Monatsfahrkarte leisten.

Eine Monatsfahrkarte! Das wäre doch mal was. Der Eintritt in die große weite Welt. Unsere arme Mutter weiß, welche hochtrabenden Ansprüche sie da stellt. Um eine Monatsfahrkarte zu bezahlen, müsste sie nämlich einen Job finden, der noch im herkömmlichen Sinne mit Geld vergütet wird. Geld! Unsere arme Mutter kann sich nicht erinnern, wann sie das letzte Mal welches verdient hat. Die letzten elf Beschäftigungsverhältnisse waren Praktika in ausbeuterischen Event-Agenturen. Immerhin, nett waren die dort ja alle. Sogar mit dem Chef hat sie sich geduzt. Voll locker die Atmosphäre. Und gerecht war es eigentlich auch, denn Geld hat auch von den 37 anderen Vollzeit-Jahres-Praktikanten keiner verdient, jedenfalls soweit sie das überblicken konnte. Diese schönen Zeiten sind nun leider unwiederbringlich vorbei, seit sie in die missliche Lage gekommen ist, von ihrer Hände Arbeit auch leben zu müssen.

Ach, Geld. Geld. Geld wäre geil!

Heimlich träumt sie von Geld, viel Geld. Geld würde sie sehr glücklich machen, da ist sie sich ganz sicher. Je mehr Geld, desto besser. Sie träumt von einem Job, der die Anschaffung eines Autos erlaubt. Eines dicken, schnellen, neuen Autos. Und eines Ferienhauses. Und einer großen Wohnung, in der jeder sein eigenes Zimmer hat – und in der es darüber hinaus noch ein Klavierzimmer, ein Schminkzimmer, ein blaues Zimmer, ein Turmzimmer, ein Kanarienvogelsingzimmer und ein Freizeit-Gartenlauben-Penthouse-Zimmer gibt. Sie träumt von Prada und Gucci und Kenzo. (Sind die überhaupt noch angesagt? Unsere arme Mutter hat keinen blassen Schimmer.) Sie träumt von freien Samstagen, nur dem Geldverschleudern gewidmet. Sie träumt von einem freundlichen Chauffeur, der die Familie morgens abholt, erst die Kinder absetzt und sie dann weiter zu ihrem großzügigen Büro über den Dächern der Stadt fährt. Sie träumt von eilfertigen persönlichen Assistentinnen, die einen schaumig-leichten Milchkaffee zu kochen verstehen. Sie träumt von Sitzungen, bei denen sie am Kopfende eines langen Glastischs sitzt und leise, aber streng so bedeutende Sätze sagt wie: »Nein, meine Herren, so geht das nicht.« Sie träumt von überbordenden Weihnachtskörben voller französischer Weine, Käse, Kaviar und eingelegter Tomaten, die ihr ihre Geschäftspartner zum Jahresende schicken lassen. Sie träumt von Sektempfängen und Gala-Diners und blutjungen Hostessen in weißen Schürzen, die ihr Canapés auf blank gescheuerten Tabletts anbieten. Vielleicht hätte sie doch noch fünf Kinder mehr kriegen und dann Politikerin werden sollen.

Trotzdem – eine Monatsfahrkarte wäre ein Anfang. Etwas, worauf man stolz sein und womit man im arbeitslosen Bekanntenkreis angeben könnte: »Stellt euch vor, ich verdiene bei meinem neuen Job so viel, dass ich mir schon die Busfahrt zur Arbeit und zurück leisten kann – ohne Miese zu machen!«

Und wer will sich schon ernsthaft einen dunkelblauen BMW, Kostüme aus der Hugo-Boss-Woman-Business-Kollektion und ein nordafrikanisches Aupair-Mädchen ans Bein binden? Die machen doch – bei Licht betrachtet – nur eine Menge neuer Probleme. Die BMWs, weil sie ständig von preußischen Punks zerkratzt werden, die Kostüme, weil sie wahnsinnig schnell knittern und deshalb täglich umständlich aufgebügelt werden müssen, und das Aupair-Mädchen, weil es zu wenig Deutsch spricht, um komplizierte Bügelanweisungen zu verstehen, und diese ohnehin stets mit der Ansage »Isch abe eute meine freie Dag« kontert. Um sich dann auf unbestimmte Zeit zu ihrem 34 Jahre älteren deutschen Freund abzusetzen, weshalb zu den horrenden Aupair-Mädchen-Unterhaltskosten auch weiterhin horrende Kosten für den einheimischen Babysitter kommen, nicht zu vergessen das psychische Drama, das unsere arme Mutter ausstehen müsste, weil der 34 Jahre ältere deutsche Freund das Aupair dann doch nicht wie versprochen heiratet, sondern nur schwängert.

Aber das wäre dann ja wohl, was man Jammern auf hohem Niveau nennt, und daher hier nicht das Thema.

Derweil hat Mama tatsächlich eine Anstellung in dem anheimelnden Großraumbüro eines Callcenters gefunden, die sogar den Ratenkauf eines gebrauchten Fiat Punto ermöglicht sowie die Anschaffung von einem Paar dunkelblauen Schuhen samt passendem Rock, Bluse und Blazer in einer gedeckt-eleganten Farbkombination erlaubt, die – wie die Kaufhausfachverkäuferin so inständig beteuert, als bekäme sie es bezahlt – »nie aus der Mode kommt«. Und so wähnt sich unsere arme Mutter kurzzeitig finanziell und modisch auf der sicheren Seite.

Zu Unrecht, wie sich bald zeigt. Zuerst schickt die Wohngeldstelle einen maschinell erstellten Absagebrief ohne Unterschrift. Wohngeldberechtigt sei die Familie nun leider nicht mehr. Das Bezirksamt für schulische und kindergärtnerische Angelegenheiten schickt ebenfalls maschinell erstellte erhöhte Gebührenbescheide rückwirkend zum Vorjahresanfang. Eingegangen sind auch maschinell erstellte Bescheide der Krankenkasse, der Rentenkasse, der Pflegekasse und des Finanzamts. Inhalt aller Briefe, soweit unsere arme Mutter das Beamtendeutsch richtig übersetzt hat: Man wolle jetzt gefälligst auch ein Stück vom Kuchen. Ein persönlich unterschriebener Brief flattert dagegen vom Kindsvater ins Haus. Dort schreibt er in perfektem Juristenjargon, dass er sich künftig noch weniger in der Lage sieht, regelmäßig Geld zu überweisen. Im Gegenteil erwäge er, sich aus gesundheitlichen Gründen, auf die er hier nicht im Detail eingehen möchte, die aber ganz sicher mit dem psychischen Trauma der Trennung zusammenhängen, demnächst aus dem Arbeitsleben zu verabschieden und seine erfolgreiche kinderlose Familienanwältin, die übrigens in ihren Hugo-Boss-Business-Röckchen sehr sexy aussieht, prüfen zu lassen, ob dann nicht sie als seine neuerdings gut verdienende, aber noch immer nicht rechtskräftig geschiedene Ex-Frau ihm Unterhalt schuldig sei.

Unsere arme Mutter, der schon die Kfz-Versicherungsbeiträge für den Fiat Punto schlaflose Nächte bereiten, weil der Kadett, den man früher mal hatte, immer auf den Namen des damals noch psychisch stabilen Kindsvaters lief, sodass sie als vermeintliche Fahranfängerin jetzt mit ungefähr 700 Prozent des Höchstsatzes eingestuft wurde – was ihr weder bei der Hochzeit noch beim Autokauf jemals jemand in aller Deutlichkeit erklärt hat –, muss nun außerdem fürchten, dass Kind 1, das sich in der Schule leider gar nicht dumm anstellt, später keinen Anspruch auf BAföG haben wird, weshalb eigentlich schon jetzt dringend ein Ratensparplan zur Finanzierung einer Ausbildung abgeschlossen werden müsste, sie aber keine Ahnung hat, aus welchem müden Kreuz sie sich auch noch diese 100 € monatlich leiern sollte. Außerdem wird der Versicherungsvertreter, den sie wegen all dieser diffizilen Fragen zurate gezogen hat, nicht müde, sie von den Vorzügen einer Lebens-, einer Renten- und einer Berufsunfähigkeitsversicherung überzeugen zu wollen: »Glauben Sie mir, ich will Sie da wirklich zu nichts überreden, aber heutzutage keinerlei private Vorsorge zu treffen, gerade in Ihrer Situation als, na ja, sozusagen, äh ...«

»Als Alleinverdienerin, meinen Sie.«

»Ja, äh, genau. Bei einer Alleinverdienerin ist eine Unterversicherung, wie sie bei Ihnen zurzeit vorliegt, entschuldigen Sie bitte meine direkte Ausdrucksweise, geradezu grob fahrlässig.«

Zu neuem Job, neuem Auto und neuem Schuhwerk hat unsere arme Mutter jetzt also ungefähr sieben erhöhte Gebührenbescheide, elf lebenswichtige Versicherungen, siebzig Stunden zusätzliche Babysitterkosten, einen hinterhältigen Kindsvater und ein beginnendes Magengeschwür hinzugewonnen. Aber noch immer kein Plus im Vokabelheft. Im Gegenteil.

Sie versucht es mit Nebeneinkünften. Sie setzt ihre ältere Tochter zwei Wochen auf Nulldiät und zerrt sie dann zu diversen Modelagenturen. Sie bietet die privaten Handynummern und E-Mail-Adressen ihrer Freunde und Bekannten aggressiven Direktmarketingfirmen zum Verkauf an. Sie bezahlt 99 € Grundgebühr für die Aufnahme in die Mitarbeiterdatenbank der Firma »Easy Money«. Die Firma bestätigt überschwänglich den Geldeingang, verspricht ihr ein entspanntes häusliches Arbeiten mit üppigen und ganz sicher demnächst eintreffenden Aufträgen. Und meldet sich dann nie wieder bei ihr.

Immerhin ist sie dadurch schon wieder um eine wertvolle Erfahrung reicher. Und zwar um die, dass es in ihrer speziellen Situation ratsamer ist, von legaler Beschäftigung vorerst gänzlich Abstand zu nehmen und es stattdessen mit der Integration neuer Gelder in die Haushaltskasse bei gleich bleibend niedrigen Ausgaben – auf gut Deutsch: es mit Schwarzarbeit – zu versuchen. Anfänglich verlegt sie sich auf wissenschaftliches Arbeiten. Sie verfasst dauerbekifften Chefarztsöhnchen, die es nur mit Nachhilfe mühsam durchs Abitur geschafft haben, die Soziologie-Hausarbeiten. Schreiben kann sie einigermaßen, das steht fest, sie hat sogar schon mal eine Kinderbuch-Heptalogie über eine kleine Hexe mit

Nickelbrille und einem Besen namens Kartoffelbrei angefangen. Leider muss sich irgendeine ihrer Freundinnen da im Urlaub verplappert haben, jedenfalls wurde ihr die Idee auf mysteriöse Weise von ausländischen Literaturagenten mit spitzen Hüten und bodenlangen dunklen Umhängen geklaut und das große Geld damit machte eine andere Alleinerziehende. Nicht viel ehrenhafter verhalten sich jetzt leider auch ihre studentischen Auftraggeber. Begeistert von dem überbordenden akademischen Talent der schreibwütigen Ghostwriterin machen sie sich umgehend für drei Monate zum Surfen nach Portugal auf und vergessen, zu Hause ihre offenen Rechnungen zu begleichen.

Partiell erfolgreicher verläuft ihr Versuch, sich auf e-Commerce zu verlegen. Sie bedruckt schwarze Baby-T-Shirts mit dem Slogan »Direkt vom Erzeuger« und verkauft sie bei Ebay. Das Geschäft läuft mäßig, Abnehmerinnen sind vor allem junge Mütter aus dem Prenzlauer Berg. Später sattelt sie um auf gelbe Shirts mit dem Slogan »Unser kleiner Sonnenschein«, in die sie gefälschte Markenetiketten einnäht. Die Preise ziehen merklich an, die Pakete gehen jetzt eher ins Baden-Württembergische. Als der T-Shirt-Markt gesättigt ist, vertickt sie die Angel-, Tauch- und Segelausrüstung, die der Kindsvater mit in die Ehe gebracht und noch nicht wieder mitgenommen hat. Wenn er jemals danach fragt, wird sie sagen, im Keller sei eingebrochen worden. Apropos eingebrochen: Beim Nachbarn im Keller hat sie noch einen fast neuen Gartenschlauch, ein Vier-Mann-Zelt, drei Schlafsäcke und eine Kiste Weihnachtsschmuck gefunden. Sie mutmaßt, dass den Krempel niemand mehr braucht, und stellt alles in ihren Power-Seller-Top-Shop ein.

Als nach sechs Monaten alle Keller des Wohnblocks ausgeräumt und alle Fahrradschlösser durchgeknipst sind und die Familienkasse erneut ins Minus zu kippen droht, ist sie bereits über einen russischen Mittelsmann, den sie auf der Suche nach Werkzeug im Netz kennen gelernt hat, mit einer Schlosserei in Kasachstan in Verbindung getreten, um dort das Nachprägen von Zwei-Euro-Münzen anzuregen. Man hatte ihr zu Münzfälschungen geraten, nachdem einige Druckerwerkstätten mit ihren falschen Fünfzigern aufgeflogen waren. Die Verhandlungen sind in vollem Gange, als sie von einem Cousin eines Neffen des Bekannten eines Freundes ihres russischen Partners ein noch vielversprechenderes Angebot bekommt. Es gäbe da ein neues hochwirksames Medikament von den Machern der Anti-Alkohol-Pille, das gleichzeitig gegen Hautalterung, Haarausfall, Fettleibigkeit, Orangenhaut und Mundgeruch helfe. Der russische Geheimdienst habe die Super-Pille im Auftrag des Kreml höchstselbst entwickeln lassen. Die Absatzmöglichkeiten seien nahezu unbegrenzt und alle am Gewinn Beteiligten wären in kürzester Zeit Multimillionäre. Zum endgültigen Durchbruch fehlten jetzt nur noch ein bisschen Startkapital, ein paar gute Patentanwälte sowie konspirative Kontakte zu europäischen und amerikanischen Pharmafirmen, die das Mittelchen in großen Mengen produzieren könnten.

Ich bin doch nicht blöd, denkt unsere arme Mutter, und winkt dankend ab.

Stattdessen kauft sie in der Metro einen 5-Kilo-Sack grünen Tee, füllt ihn in kleine Stoffbeutel à 50 g um und schreibt dazu eine vierseitige Gebrauchsanweisung. Sie mietet auf einer grünen Wiese in Holland einen Briefkasten, richtet dem Metro-Tee, der jetzt »GlüXXs-Tee« heißt, eine eigene Website ein, schaltet halbseitige Anzeigen in Gesundheitszeitschriften und anderen Oma-Blättchen und überzieht das Land mit einer appellativ-eindringlichen Wurfsendung: »Stress und Umweltgifte setzen uns jeden Tag zu. Riskieren Sie nicht weiter leichtfertig Ihre Gesundheit. Handeln Sie jetzt. Machen Sie sich das jahrtausendealte Wissen der Chinesen um die Kräfte der Natur zunutze. Bringen Sie Ihren Körper und Ihre Seele ins Gleichgewicht.«

Sie dekoriert die Anzeigen mit allerlei selbst ausgedachten Schriftzeichen und einem Bild des japanischen Außenministers und unterschreibt als »Ergebenst, Ihr Prof. Dr. Dr. Dr. Chin Chan Chon«. Mit der Masche zieht sie bundesweit 63 598 gutgläubigen Rentnern die letzten Cents aus der Tasche.

Zu guter Letzt löst sie dann auch noch das leidige Autoproblem: Sie drückt beim nächsten sonntäglichen Elternbesuch nach dem Nachtisch verschämt ein paar Tränen in ihre Serviette, gerade so, dass es ihrer Mutter nicht entgehen kann.

»Kind, was hast du denn? Ist alles in Ordnung?«

»Ja, doch, geht schon, ich bin nur so erschöpft, die Trennung, die Kinder, die Arbeit, der ganze Stress ...«

»Ja, dann sag doch was! Sollen wir dir helfen? Brauchst du Geld?«

Fünf Minuten später ist auch die Finanzierung von Kfz-Steuer und Versicherung für den Fiat Punto zufriedenstellend geregelt.

Bewerbung No. 112

Sehr geehrter Herr Professor Nauenfels-Spörich,

ich möchte mich hiermit an der hiesigen Universitätsklinik als Probandin für ambulante Studien aller Art bewerben.

Ich bin weiblich, ledig, jung und gesund, habe keine bekannten genetischen Defekte und auch keinerlei Lebensmittel-, Tier- oder Pollenallergien. Ich war noch nie mit einer tropischen Krankheit infiziert und deshalb in Quarantäne. Auch wurde ich noch nie wegen einer psychischen Erkrankung stationär behandelt.

Mein primäres Interesse gilt Studien, die mit einer üppigen finanziellen Aufwandsentschädigung verbunden sind. Wahlweise würde ich gegen Entgelt natürlich auch Blut, Plasma, überschüssige Eizellen oder mehrfach vorhandene Organe spenden.

In der Hoffnung, dass Sie Verwendung für mich haben, verbleibe ich mit freundlichen Grüßen
Astrid Herbold

Muschi-Ich

Sex ist toll. Großartig. Wahnsinnig. Atemberaubend. Sex belebt. Sex verjüngt. Sex macht schön. Sex macht schlau. Sex macht schlank. Sex hält munter. Sex hält fit. Sex ist das Nonplusultra. Das Sahnehäubchen. Das Salz in der Suppe. Das Tüpfelchen auf dem i. Ohne Sex kann man nicht leben.

Unsere allein stehende Alleinerziehende hat keinen Sex. Nicht mal ein winziges bisschen. Nicht mal ein kleines Tüpfelchen. Wahrscheinlich ist sie die Einzige in diesem weiten Land. Auf diesem Kontinent. Auf unserem schönen blauen Planeten. Nein, das stimmt natürlich so nicht. Denn es gibt da draußen sicher noch andere Menschen, die keinen Sex haben: Alte, Kranke, Perverse zum Beispiel. Und wenn sie es sich genau überlegt, kennt sie sogar einige Sexlose persönlich. Im näheren Umfeld sozusagen. Es sind ihre temporär ungebundenen Freundinnen. Bei jedem gemeinsamen Fernsehdienstag gibt es für die nämlich kein schöneres Thema, als das ausgiebige Lamentieren über die Tragödie, seit sechs Wochen ohne Liebhaber zu sein. Reflexartig bekundet man sich gegenseitig Mitleid: »Wie hältst du das aus?«

»Das ist ja schrecklich!«

»Da würde ich irre werden!«

Die anwesende Alleinerziehende hält bei diesen Gesprächen den Ball flach und den Kopf gesenkt und hofft, niemand in der Runde kommt auf die Idee, sie nach der Dauer ihrer aktuellen Keuschheitsphase zu fragen. In Wochen ist die nämlich längst nicht mehr zu messen. Nachdem sie neulich die Dreijahreshürde genommen hat, rechnet sie jetzt auch nicht mehr in Monaten, sondern in Jahrzehnten. Sprich: In diesem Jahrzehnt hat sie schon Sex gehabt – was anhand des Kindes auch zweifelsfrei zu beweisen ist – und im nächsten Jahrzehnt wird sie sicher auch mal wieder welchen haben. Bestimmt. Wahrscheinlich. Vielleicht.

Die Freundinnen scheinen eine vage Vorstellung von ihrem klösterlichen Intimleben zu haben, jedenfalls wird sie bei den gegenseitigen Geständnissen in besagter Dienstagsrunde immer geflissentlich übergangen und generell eher als mütterliches Neutrum wahrgenommen. Nur einmal fragte doch eine. Es war die Bekannte einer Bekannten, die sowieso niemand so richtig eingeladen hatte. »Und du, hast du grad einen Lover?«

Statt einer Antwort täuschte sie einen Hustenanfall vor. »Lo ... ähü, ähü.«

Ihre beste Freundin sprang ihr rettend zur Seite. »Susi hat für so was gar keinen Kopf, die hat andere Sorgen. Stimmt's, Susi?«

Stimmt. Sie hatte dafür gar keinen Kopf. Ein »Lover« war ungefähr das Letzte, was ihr noch fehlte. Dennoch begann in den folgenden Wochen eine leichte Sorge am ansonsten ausgeglichenen Gemüt der Singlemutter zu nagen. Ist das denn noch normal? Mit Anfang dreißig mehr oder weniger dauerhaft abstinent zu leben? Vielleicht gehört sie einer mutierten trieblosen Unterart der menschlichen Spezies an? Vielleicht ist sie eine biologische Fehlprogrammierung? Oder sie kann gar nicht mehr – selbst wenn sie wieder wollte. Wer weiß denn schon, ob es sich mit dem Sex wirklich so verhält wie mit dem Fahrradfahren? Hat das schon mal jemand wissenschaftlich überprüft? Ist es nicht viel wahrscheinlicher, dass man es durchaus verlernen kann? Hatte sie sich überhaupt schon einmal körperlich vereinigt? Ihre Erinnerung an den konkreten Akt verschwamm von Jahr zu Jahr mehr. Vielleicht war das alles nur ein Traum gewesen. Jedenfalls rechnete sie neuerdings bei jedem Gynäkologenbesuch fest mit dem erstaunten Ausruf der Ärztin: »Schwester Steffi, kommen Sie mal schnell her und bringen Sie alle Kolleginnen mit – da, gucken Sie mal, so was haben Sie noch nicht gesehen. Das ist ein ganz seltener Fall von spontaner Re-Virginisierung. Das kennt man sonst nur aus dem Lehrbuch.«

Sicher war sie wirklich schon längst wieder zugewachsen. Vorsichtshalber hörte sie auf, zum Frauenarzt zu gehen. Wieso auch: Wer keinen Sex hat, braucht keine medikamentöse Verhütung und zieht sich keine Geschlechtskrankheiten zu. Was doch übrigens beides sehr erfreuliche Begleiterscheinung der Keuschheit sind. Als ihr dann aber eines Tages beim Abstauben des Aliberts die Kondome für alle Fälle in die Hände fielen und sie voller Entsetzen feststellte, dass deren Haltbarkeitsdatum seit fünf Jahren überschritten war, wurde es Zeit, sich dem Thema zu stellen. Furcht- und hüllenlos.

Subjektiv gesehen war alles in Ordnung. Sie machte eben gerade eine den Umständen geschuldete erotische Durststrecke durch, deren Ende nicht in Sicht war. Na und? Sie vermisste den Sex ehrlich gesagt nicht besonders. Traurig, aber wahr: Sex mit Männern kann man sich echt abgewöhnen. Zwischenmenschliches Kuschelbedürfnis ist prima an schmusigen Kleinkindern auslebbar und die Befriedigung bei der Selbstbefriedigung auch nicht zu verachten. Aber darf man so denken? War sie geistig und körperlich auch wirklich völlig gesund? Oder vielleicht doch unausgeglichener als andere Leute? Nervöser? Hysterischer? Kränker? Nein, nicht dass sie wüsste. Überschüssige Energie kompensierte sie prima mit Arbeiten und Aufräumen. Außerdem hatte sie ohnehin keine Zeit, röchelnd über die Matratze zu robben. Apropos: Das Kind röchelte schon seit Wochen so komisch – Termin beim Kinderarzt machen. Und sie selbst, immer diese Rückenschmerzen. Liegt sicher an der alten Matratze. Eigentlich hätte längst eine neue angeschafft werden müssen. Was das wieder kostet. Und wie kriegt sie die vom Möbelmarkt nach Hause – gibt es da einen Lieferservice? Und wenn, wie teuer ist der? Und huch, was liegt denn hier unterm Bett? Pokemon-Karten, Lego-Steine, Playmobil-Ritter? Wie kommen die denn dahin? Ach ja, da sind die Kinder neulich rumgerobbt.

So viel zum Thema Robben, Röcheln, Auf-dem-Rücken-Liegen.

Trotzdem behielt sie ihr kleines Abstinenzgeheimnis seitdem noch sorgfältiger für sich. Ein Hustenanfall jagte den nächsten. Denn objektiv gesehen war natürlich gar nichts in Ordnung. Objektiv gesehen kann man als junger Mensch Abstinenz nicht länger als ein paar Wochen ertragen, ohne zu platzen oder verrückt zu werden. Ergo konnte sie nicht alle Latten am Zaun haben oder musste zwanghaft 17-mal am Tag masturbieren, um diese Situation überhaupt aushalten zu können. Und das war nur die rein körperliche Ebene. Von der geistigen mal ganz zu schweigen. Denn objektiv gesehen fehlte ihr da mehr als nur ein kleines Sahnehäubchen. Nämlich: das zentrale Lebenselexier. Des Pudels Kern. Ekstatische Leidenschaft. Leidenschaftliche Ekstase. Das Aufgehen des Ichs im anderen. Die Einheit von Mensch und Natur. Das Behagen der Geschlechter. Die unendliche

Zirkulation des Begehrens. Sexualität und Wahrheit. Liebe als Passion. Körper von Gewicht.

Streng genommen war ihr Leben ohne Rüber-rein-raus also sinn- und gehaltlos. Vor allem aber war es: verdächtig. Das hatte sie schnell kapiert. Denn Sex ist ein perpetuummobiologisches Phänomen. Wer Sex hat, hat Sex. Weil: Sex macht sexy. Wo viel Sex ist, will noch mehr hin. Umgekehrt gilt leider auch: Wer keinen Sex hat, hat keinen. Von nichts kommt nichts. Und das ist total unsexy. Oder anders gesagt: Mit der Liebe ist es wie mit den Beschäftigungsverhältnissen – zu viele Lücken im Lebenslauf machen einen schlechten Eindruck. Und spätestens nach ein paar Jahren Auszeit gilt man als absolut unvermittelbar.

Aber was hieße das jetzt? Dass sie sofort wieder Sex haben müsste – nur aus Gründen der Statistikschönung? Und ab welcher Mindestquote wäre ein Alleinerziehenden-Liebesleben wieder unverdächtig? Drei Liebhaber im Jahr? Zwei? Vier? Und gilt es auch, wenn man die drei im Türkeiurlaub innerhalb einer Woche flachlegt, während das Kind mit Opa und Oma im Schwarzwald auf einem Biobauernhof ist? Oder müssen es vierteljährliche inländische Neueroberungen sein? Wahrscheinlich. Andererseits würde bei so viel Fluktuation der Bekanntenkreis schon wieder nachdenklich den Kopf schütteln und sich um das Wohl des Kindes sorgen.

Ach, wenn es nur wieder so leicht wäre wie früher. Früher gehörten regelmäßige Eroberungen zum guten Ton und über gelegentliche Fehltritte und -griffe sah man im Freundeskreis großzügig hinweg. Früher war auch nie Mangel an Auswahl, weil – da war sie sowieso immer gerade schrecklich in irgendwen verknallt. Und deshalb waren auch alle Mittel erlaubt, um ans Ziel zu kommen. Jedenfalls gab sie damals gern mal das rehäugige Unschuldslamm, dessen Blicke Bände sprachen.«

Ja, das waren die guten alten Zeiten des abenteuerlichen gegenseitigen Flachlegens. Wochenlang wurde sich da vieldeutig umschlichen und umkreist. Meistens versuchte sie, das Objekt ihrer Begierde durch unauffällig gesetzte optische Akzente auf sich aufmerksam zu machen. Um ihm dann, wenn bei ihm der Groschen sanft im Fallen war, kunstvoll indirekt zu verstehen zu geben, dass sie eine Kino-Einladung seinerseits eventuell nicht auszuschlagen gedenke. Im dortigen Dunkeln wurde er dann scharf gemacht mit als Zufall getarnten Knie-an-Knie-Berührungen, die er seinerseits mit sanften Ellbogenberührungen erwiderte. So viel zum körpersprachlichen Auftakt des Abends. Ans Kino schloss sich dann meist ein ausgiebiges Weintrinken an, bei dem sich derart vertiefende Gespräche entwickelten, dass sie – »ups!« – aus Versehen vergaß, daran zu denken, dass um 0:53 Uhr der letzte Bus gefahren wäre. Und dann ist tatsächlich – »wie kann denn das sein?« – nicht mal ein Taxistand in Sichtweite. Wenn er dann endlich! endlich! endlich! gegen 3 Uhr früh kapierte, wo dieser Abend möglicherweise enden könnte, und zögerlich seinen Arm um sie legte und ihr den ersten Kuss in die Halsbeuge hauchte, dann erschauderte sie vor ehrlicher, wohlverdienter Wonne und konnte sich tatsächlich kein metaphysisch bedeutenderes Großereignis vorstellen, als mit diesem Mann in den nächsten Stunden SEX zu haben.

Reizerhöhend wirkten sich dabei sicher auch die zehn Gläser Weißweinschorle aus, die sie den Abend über stilvoll in sich reingeschüttet hatte. Und jetzt, wo sie – latent torkelnd – dem Typen endlich im Arm hing und gen heimische Wohnung taumelte, da rückten multiple Orgasmen in greifbare Nähe. Der Heimweg war das Vorspiel. Jede rote Fußgängerampel musste als Vorwand für eine langwierige und nichtjugendfreie Kussszene herhalten. Im Hausflur begann das gegenseitige Ausziehen, und nur Sekundenbruchteile später wurden ohne Rücksicht auf Nachbarn und Mitbewohner geräuschvoll die schmachtenden Lenden aneinander gerieben, als gäbe es kein Morgen.

Apropos: Meistens gab es ja auch keinen Morgen. Jedenfalls keinen, der mit dem Abend auch nur annährend hätte mithalten können. Denn selbst wenn das Objekt der Begierde sich am nächsten Tag noch zu einem langen Abschiedskuss hinreißen ließ (was selten vorkam), selbst wenn es am folgenden Tag anrief und um einen erneuten Kinobesuch bat (passierte noch seltener), selbst wenn man sich nach ein paar Wochen dann tatsächlich auf so etwas wie eine »feste Beziehung« geeinigt hatte (nahezu unwahrscheinlicher Tatbestand) – spätestens nach 9½ Wochen war der Bettgefährte irgendwie nicht mehr ganz so sexy wie während dieser ersten Nacht. Mit der Begierde ist es nämlich wie mit dem Spatz in der Hand. Man will meistens eben doch lieber die Taube auf dem Dach. Denn wenn man seinen Spatzi jeden Tag zu Hause auf der Couch sitzen hat, ist das zwar irgendwie nett und kuschelig, aber mit hirnlos-hemmungslosem »Nimm mich oder ich verliere den Verstand« hat es nicht mehr viel zu tun. Ab sofort wurde zwar regelmäßig verkehrt, anfangs täglich, dann eher wöchentlich, und mit der ersten Schwangerschaft hatte man sich stillschweigend auf so etwas wie »gelegentlich« geeinigt. Der Sex bestand aus wenigen eingespielten Handgriffen und dauerte so lange wie eine Werbepause. Und ehrlich gesagt fand sie ihn – bei aller Liebe – eher unspektakulär. Bestenfalls war er eine Mischung aus entspannend und gemütlich, schlimmstenfalls war es genervter Ich-bin-zwar-müde-aber-meinetwegen-Sex.

Den hatte sie ja nun zum Glück auch schon lange nicht mehr gehabt. Aber was hinderte sie dann eigentlich, an frühere sexuelle Hoch-Zeiten anzuknüpfen? Frei und ungebunden war sie wieder. Und das Handwerkszeug – anregendes Weinschorletrinken, prickelnde Konversation, sanftes Kniereiben – müsste sie ja wohl noch draufhaben. Aber so sehr sie sich auch bemühte, einen one-night-stand-tauglichen Abend zu inszenieren, es fluppte einfach nicht mehr so richtig. Kinobesuche wurden grundsätzlich von drei Anrufen des Babysitters unterbrochen, weil Schnuffeltuch und Zahnbürste nicht auffindbar waren. Danach noch schnell ein nichtalkoholisches Getränk in der Kneipe an der Ecke, in der man aus Platzmangel leider stehen musste. Auch dort wollte sich dann partout keine erotikdurchtränkte Atmosphäre einstellen. Was vielleicht auch damit zusammenhing, dass sie alle zwei Minuten hektisch auf die Armbanduhr schaute, um ja nicht die Straßenbahn zu verpassen. Die Kinderbetreuung hatte nämlich morgen um 8 Uhr früh Berufsschule und war deshalb ohnehin nur unter Mühen zum Dienstantritt zu bewegen gewesen.

Einmal ließ sich ein Mann dennoch nicht abschrecken, sondern trank brav gegen elf Uhr sein erstes Bier aus, um zusammen mit der Single-Mama im Laufschritt nach Hause zu traben. Was ihn natürlich sofort verdächtig machte: Hatte er es etwa selbst so nötig? Zu Hause fand sie dann aber trotz all seiner gut gemeinten freundlichen Übergriffe kein großes Vergnügen an dem Schäferstündchen. Denn schon der Umstand, dass die ganze Aktion tatsächlich auf eine knappe Stunde beschränkt werden musste, hatte das Vorspiel etwas holprig ausfallen lassen.

»Ich möchte dich küssen.«

»Ja bitte. Und wir können auch gerne Sex haben. Aber nur, wenn du dich beeilst.«

Ultimativer Kuschelkiller war dann aber wohl ihre harte, aber faire Ansage, er könne hinterher selbstverständlich nicht über Nacht bleiben, sondern müsse noch vor 2 Uhr gehen, weil das erfahrungsgemäß die Zeit sei, wo das Kind aufwache, aus seinem Bett krabble und unter die Bettdecke von Mama gekrochen komme. Ein Wunder, dass der Typ sich nicht sofort, sondern erst nach dem Vollzug aus dem Staub machte.

Die Nacht barg – wenn schon keine Orgasmen – so doch multiple Erkenntnisse: Sex mit fremden Männern macht nur Spaß, wenn man dem Anlass angemessen betrunken und verknallt ist. Wenn man aus Neugier auch mal mit zu ihm gehen kann, um dort morgens in Ruhe durch Nachttischschränkchen und Schreibtischablagen zu stöbern. Sprich: wenn man ein verantwortungsloser, selbstzentrierter, allein lebender Single ist. Wenn man das Gegenteil davon ist, nämlich eine Mutti mit wenig Zeit am Abend, wenig Platz im Bett und keinerlei Möglichkeit, die Nacht außer Haus zu verbringen, dann sollte man die Sache besser ein bisschen aufschieben. Oder doch noch mal die Wochenend- und Ferienbesuchsregelungen mit dem Kindsvater überdenken.

Die Besuchszeiten wurden nicht verändert. Das könnte dem Verflossenen so passen. Dafür die Gesamttaktik. Sie entschloss sich, zukünftig in Sachen Geschlechtsverkehr nach dem Grundsatz »Sorge dich nicht, warte« zu handeln und für diese unpopuläre Position auch offensiv zu werben. Als am nächsten Dienstag die Rede auf unfreiwillige Liebespausen kam, reckte sie mutig den Kopf und sagte: »Ich spare mich übrigens auf. Für den Richtigen. Denn spätestens in 97 Jahren wird er kommen, mein geiler Prinz, wird die stachelige Rosenhecke meines Herzens durchhacken, den rostigen Keuschheitsgürtel aufsägen und mich französisch wach küssen. Und er wird zu mir sagen: ›Du bist keine vertrocknete, alte Backpflaume, sondern die Sexyste im ganze Land. Wer etwas anderes behauptet, der soll den harten Stahl meiner scharfen Lanze zu spüren bekommen.‹ Und dann werden wir sorglos vögeln – denn ich werde schon lange, lange jenseits meiner Menopause sein. Vorher muss ich mir nur dringend eine neue Matratze kaufen. Auf der alten bekomme ich sonst noch einen Hexenschuss.«

Rechtsanwältinnen küsst man nicht

Was war sie doch für ein guter Mensch. Sanft wie ein Lamm. Erfüllt von Demut und Dankbarkeit. Und so eine umweltbewusste Bürgerin. Neulich hat sie sogar die Scherben einer zerschlagenen Schnapsflasche mühsam aus dem Sandkasten geklaubt und sie hinterher ordnungsgemäß in den Altglascontainer entsorgt. Sie will sich jetzt nicht unnötig selbst auf die Schulter klopfen, aber sie ist doch wirklich ein nationales Vorbild an Redlichkeit und Tugend. Wenn das so weitergeht, ist die Zeit bald reif fürs Bundesverdienstkreuz. Ehrung wegen außerordentlicher moralischer Integrität und Mitmenschlichkeit.

Das war – Hand aufs Herz – leider nicht immer so.

Vor langer, langer Zeit, als noch der Große Krieg durch ihre Küche tobte, da war sie eher bekannt für ihre unbarmherzige Grausamkeit als für ihre besonderen Verdienste um Geduld und Güte. Da fegte sie als Gift und Galle spuckender Hausdrachen übers Wohnzimmerparkett, hieb mit ihrem WMF-Brotmesser tiefe Kerben in die Bettpfosten und feuerte fliegende Untertassen durch die Küche. Braun und gelb waren damals die Wände von Kaffee und Magensaft und rot der Teppich vom Blut ihrer Feinde. Na ja, das mit dem Blut ist jetzt natürlich nur sinnbildlich gemeint. Und außerdem war es genau genommen auch nur ein Feind. Der Feind formerly known as der Mann in ihrem Bett, sozusagen.

Natürlich war allein der Feind schuld an ihrem jähen Wandel zur Zornesgöttin. Eines Tages, aus dem heiteren Himmel eines ansonsten angenehm ereignislosen Pärchenlebens, meinte er nämlich, ihr sagen zu müssen, dass er glaube, er liebe sie nicht mehr.

»Was soll das heißen, du glaubst, du liebst mich nicht mehr?«

»Ich glaube, ich liebe dich nicht mehr.«

»Wann ist dir das aufgefallen?«

»Keine Ahnung. Vor einer Weile.«

»Wie, vor einer Weile?«

»Ich habe da jemanden kennen gelernt.«

»Du hast jemanden kennen gelernt?«

»Ja.«

»Eine Frau?«

»Ja, eine Frau.«

»Habt ihr was miteinander?«

»Hm. Nein. Na ja.«

»Was willst du mir damit sagen? Dass du dich verliebt hast? Und mich liebst du nicht mehr?«

»Vielleicht. Ich weiß nicht. Das eine hat doch mit dem anderen gar nichts zu tun. Bei uns stimmt es doch schon lange nicht mehr.«

Da hatte er Recht, aber das konnte sie ja jetzt unmöglich zugeben. »Und was heißt das jetzt? Willst du dich trennen?«

»Keine Ahnung.«

»Wie, keine Ahnung?«

»Ich weiß nicht. Ich habe das doch auch alles nicht geplant. Es ist eben einfach so passiert. Für seine Gefühle kann man doch nichts.«

Nein, natürlich, für seine Gefühle kann der Mann nichts. Und Gefühle soll man ja außerdem sowieso so kommen lassen, wie sie gerade kommen. Sonst kriegt man Krebs. Oder Bandscheibenvorfälle. Oder Sodbrennen.

Die Frau ließ ihre Gefühle also auch kommen in den nächsten Wochen. Und es kamen viele, viele Gefühle. Nur gute waren nicht dabei.

Zunächst einmal hatte sie das Gefühl, dass man es voll und ganz rational durchdringen muss, warum jemand glaubt, jemand anderen plötzlich nicht mehr zu lieben. Deshalb wurde die Zuneigungskrise zunächst einer ausgiebigen internen Analyse unterzogen. Strukturierende Verfahren wurden erarbeitet, Themencluster erstellt, Emotionsverläufe nachgezeichnet, differierende Wahrnehmungen beschrieben. Wozu hat man schließlich studiert. Diese Unterhaltungen, bei denen es meist eine emphatische Rednerin und einen schweigsamen Zuhörer gab, mussten allerdings nachts geführt werden, wenn die Kinder schliefen. Und zum Keifen ging man in den Keller. Tagsüber vermied Mutti mit dem Vater ihrer Kinder generell jeden Blickkontakt und hüllte sich in einen Mantel beleidigten Schweigens. Geschlafen wurde natürlich getrennt.

Nach einigen durchgebrüllten Nächten hatte Mutti das untrügliche Gefühl, dass einem Beziehungsende mit wissenschaftlichen Methoden nicht beizukommen sei. Geeinigt hatte man sich mittlerweile immerhin auf die Erkenntnis, dass er ein Schwein und sie eine arme Sau war. Und dass seine Schlaf- und Wirkungsstätte künftig eher außerhalb der gemeinsamen Wohnung liegen würde.

»Kommt mal her und sagt Papa schnell tschüss, der muss ein paar Tage verreisen.«

Papa verreiste, Papa rief abends an, Papa kam wieder, um noch mehr Sachen zu packen und wieder zu verreisen. Nach der dritten fiktiven Reise entschied man gemeinsam, den Kindern die Wahrheit zu sagen. Beziehungsweise das, was in diversen Trennungsratgebern, die – na, wer wohl?, genau – Mama in der Zwischenzeit gelesen hatte, empfohlen wurde. Das klang ungefähr so: Niemand ist schuld, wir haben uns nur eben nicht mehr ganz so lieb wie früher, euch aber dafür umso mehr. Der Papa wohnt deshalb jetzt mal eine Weile woanders, kommt uns aber ganz, ganz oft besuchen und ihr könnt ihn auch immer anrufen, wenn ihr wollt. Und am Wochenende und in den Ferien machen wir ganz tolle Sachen zusammen.

Es war nicht mal gelogen. Mama wollte wirklich ruhig und vernünftig sein und eine sanfte Trennung hinkriegen – so wie damals die erste Geburt. Da hatte sie sich auch fest vorgenommen: keine PDA, keine Schmerzmittel. Sondern den Schmerz freudig begrüßen. »Weil dich jede Wehe deinem Kind ein Stück näher bringt.« Die freudige Wehenbegrüßung endete dann aber doch in spitzen Schreien, wüsten Beschimpfungen des Krankenhauspersonals und Kratz- und Beißattacken gegen den Erzeuger. Bis ein sichtbar sadistischer Oberarzt dem Spektakel durch einen beherzten Sprung auf ihren Bauch ein Ende machte.

Vielleicht war das ein Zeichen gewesen. Jedenfalls wollte es auch diesmal mit dem gezielten Wegatmen der Trennungswehen nicht so recht klappen: Nacht um Nacht lag die tagsüber ruhige und vernünftige Mama allein im leeren Bett und tat sich Leid. Schrecklich Leid. So Leid wie zuletzt mit 15, als ihr ihre viel versprechende, fünf Jahre ältere Kirchentagsbekanntschaft zwischen zwei Afrika-Workshops einen Korb gegeben und am gleichen Abend noch mit ihrer besten Freundin rumgemacht hatte. Was übrigens zu einem nachhaltigen Zerwürfnis nicht nur mit der Freundin, sondern auch mit dem Christentum führte.

Und jetzt wieder. Dreht der Typ sich einfach um und hat schon eine andere. Und Gefühle, für die er natürlich nichts kann. Wie ihr die Männer auf die Nerven gingen mit ihren emotionalen Kontrollverlusten. Und ihren Ausreden. Was für eine Schmach. Sitzen gelassen werden. Gut, vielleicht war sie in den letzten Jahren manchmal ein bisschen herrisch und maulig gewesen. Vor allem, wenn er drei Abende die Woche mit seiner Band proben, am Wochenende Fußball gucken oder »einfach mal wieder« seine »total nette« Ex-Freundin treffen wollte. Gut, sie hatte gelegentlich in seinen Taschen gewühlt und seine SMS-Eingänge kontrolliert. Trotzdem, das hier hatte sie nicht verdient. Wenn überhaupt, dann hätte sie sich trennen müssen. Und er hätte betteln müssen, dass sie bleibt: »Bitte gib uns noch eine Chance. Ich ändere mich auch. Und mache alles, was du willst und sagst.«

So hätte das laufen sollen.

Stattdessen hatte er schon ein neues Leben. Und sie konnte zusehen, wie sie die beiden Überbleibsel des alten ohne tief greifende Psychomacken durch die Pubertät brachte.

Das muss ein Irrtum sein, dachte sie, das kann nicht mein Leben sein. Das ist der falsche Film, in dem ich mich hier befinde. Ich wollte doch romantische Liebeskomödie, nicht düsteres Psychodrama. Sonnenschein wollte ich, lachende Gesichter, prächtige Kulissen, schlanke Körper in schönen Kostümen. Mein Leben sollte doch ausdrücklich keine abgedroschene Story werden – Mann verlässt Frau für eine andere, Frau bleibt verbittert zurück. Das ist doch eine Scheiß-Geschichte. Und abgesehen davon: Wie soll sie denn jetzt weitergehen?

Die Geschichte ging weiter, und zwar den Gang aller

Fortsetzungen: Der erste Teil ist immer der beste, dann lassen Drehbuch und Darsteller von Episode zu Episode merklich nach. Nach Teil eins – »Schlaflos in Osnabrück« – und zwei – »Das fliegende Kinderzimmer« – begann der dritte Teil – »Eine verständnisvolle Affäre« – immerhin noch viel versprechend. Der männliche Protagonist versprach hoch und heilig, jeden Monat ganz viel Geld zu überweisen, viel mehr, als er laut Düsseldorfer Tabelle müsste. »Da musst du dir gar keine Sorgen machen. Ich lass euch nicht hängen.«

Die weibliche Hauptrolle versuchte für ihren Teil fair, gefasst und nicht nachtragend zu sein. »Das kriegen wir schon hin. Hauptsache, die Kinder verkraften das alles einigermaßen gut.«

Er konterte großherzig mit vollmundigen Versprechungen, was Kontinuität und Frequenz der väterlichen Betreuung anging: »Ich möchte die Kinder sooft es geht sehen. Wenn es dir recht ist, hole ich sie jedes Wochenende ab, und wenn du unter der Woche mal wegmusst, kannst du mich natürlich auch jederzeit anrufen.«

Aber dann rief sie an einem Montag an und erreichte ihn nicht. »Könntest du am Donnerstagnachmittag auf die Kinder aufpassen? Wäre wirklich dringend. Ruf mich bitte mal zurück.«

Am Mittwoch ging eine fremde Frau an sein Handy. Am Donnerstag bedauerte er, ausgerechnet heute habe er leider überhaupt keine Zeit. »Tut mir jetzt echt Leid.«

»Du hättest ja auch mal zurückrufen können.«

»Du, ich war die ganze Woche so im Stress, da habe ich das total vergessen.«

Seine Vergesslichkeit nahm von Monat zu Monat mehr zu. Vor allem am Monatsanfang schien er wahre Alzheimerschübe zu erleiden. Wieder ein Monatserster, wieder kein Geld auf ihrem Konto. Auch am 4. noch nicht, und am 7.

immer noch nicht. Sie rief wieder an, wieder ging die Frau ans Telefon.

Kühl: »Kann ich bitte Klaus sprechen.«

Freundlich: »Der kann gerade nicht.«

Unterirdisch frostig: »Er möchte mich bitte anrufen, wenn er wieder kann.«

Weil er nur noch das Nötigste mit ihr reden wollte, was zum Teil wohl daran lag, dass sie wieder mit dem Schreien angefangen hatte, begann sie, indirekt Erkundungen über ihn einzuziehen. Über diverse Kanäle – im Klartext: über seinen besten Freund, den sie mit ihren herzzerreißenden Klagen in heikle Loyalitätskonflikte gestürzt hatte – erfuhr sie zum Beispiel, dass er sich ein neues Auto kaufen wollte.

»Aber nur ein gebrauchtes natürlich. Mit großem Kofferraum. Weil Ka…«

»Wehe, du sagst ihren Namen in meiner Gegenwart.«

»Also, äh, weil sie doch so einen großen Hund hat.«

Sie erfuhr außerdem, dass er mit neuem Auto und neuer Frau im Sommer zwei Wochen nach Südfrankreich fahren wollte. »Aber nicht dahin, wo ihr damals wart, sondern mehr Richtung Italien, glaube ich.«

Danach wollte er offenbar in eine größere Wohnung umziehen – samt Hund und Frau, versteht sich. »Er will den Kindern da auch ein Zimmer einrichten, wenn sie am Wochenende oder in den Ferien da sind.«

Sie erfuhr auch, dass ihm alles furchtbar Leid tue, dass er die Kinder über alles liebe, dass er ihnen niemals wehtun wolle. Aber das war Geschwätz und interessierte sie nicht. Viel mehr interessierte sie sich dafür, wo er Weihnachten zu verbringen gedenke und ob die mit dem Hund, deren Namen sie sich zu merken hartnäckig weigerte, in absehbarer Zeit eigene Kinder haben wolle. Die Weihnachtsfrage beantwortete ihr der Kindsvater monatelang ausweichend, um ihr dann am 23.12. per SMS mitzuteilen, er werde morgen zwischen 14 und 16 Uhr zur Bescherung kommen und danach wieder gehen. Die Kinderfrage beantwortete ihr eine gehässige Bekannte: »Ja, sie will unbedingt Kinder. Sie probieren wohl auch schon.«

Zum Glück war die Quellenangabe der Bekannten nicht hundertprozentig glaubhaft. Sie hatte es angeblich von der Cousine der Freundin der Hundefrau gehört.

Noch mehr Kinder – das würde er nicht wagen. Wo er doch schon für die vorhandenen kaum Zeit und angeblich zu wenig Geld hatte. Oder wagte er es doch? Immerhin war »die« offenbar Anfang dreißig, kinderlieb, aber noch kinderlos. Was das bedeutet, wusste man aus den Erfahrungen mit dem eigenen fortpflanzungswilligen Leib.

All dieses Wissen bewegte sie des Nachts in ihrem Herzen. Während sie sich übrigens nicht mehr schlaflos im maßangefertigten Vollholzbett der geräumigen Maisonette-Wohnung, sondern auf einer unbequemen Schlafcouch in der 11 qm kleinen Wohnküche ihres neuen 2-Zimmer-Apartments wälzte. Und hier, zwischen Teflonpfannen und Basilikumtöpfchen, rüstete sie klammheimlich zum Gegenschlag. Brütete virtuelle Anschläge aus. Sprengte im Kopf Mann, Auto, Haus und Hund in die Luft. Schlitzte Bäuche und Kehlen auf. Ergötzte sich am Hervorquellen schleimiger Eingeweide. Ja, bluten soll das miese Schwein. Bluten, büßen und bereuen. Und leiden, langsam und qualvoll.

Im echten Leben war ihr Feldzug dann doch nicht ganz so spektakulär. Zunächst versuchte sie es mit den Mitteln des Rechtsstaats, den sie bedingungslos auf ihrer Seite glaubte. »Ich habe mir das jetzt lange genug angeguckt«, sagte sie zu einer Familienanwältin mit ansprechender Großanzeige im Branchenverzeichnis. »Er macht sich ein schönes Leben und ich kann sehen, wie ich die Kinder durchbringe. Ein nagelneues Handy hat er sich gerade wieder geholt. Und hier, gucken Sie sich mal meinen alten Knochen an. Ich will, dass sein Gehalt gepfändet, sein Auto versteigert und seine Wertsachen eingezogen werden. Und wenn er Widerstand leistet, gleich Beugehaft. Außerdem, wo steht geschrieben, dass ich erlauben muss, dass meine Kinder mit einer fremden Frau und deren doofem Köter die Wochenenden verbringen? Ist die mit meinen Kindern blutsverwandt? Nicht dass ich wüsste. Und wenn die Kinder Sonntagabend nach Hause kommen, dann heißt es immer, oh, mit Papa war's so toll und er hat uns dies gekauft und das erlaubt und wann kriegen wir endlich auch einen Hund. Am liebsten würde ich ihm den Umgang ganz verbieten. Meinetwegen hängen Sie ihm an, was Sie wollen, Vernachlässigung, Verletzung der Aufsichtspflicht, seelische Grausamkeit, ich unterschreibe alles.«

Sie redete sich noch eine Weile den Kummer von der schwarzen Seele – damals ahnte sie noch nicht, was freundliche Familienanwältinnen mit stuckverzierten Altbaubüros für familienunfreundliche Stundenlöhne haben – Urlaub mit den Kindern und der neuen Frau? Nur über ihre Leiche. Besuchszeiten? Na ja, darum komme man ja wohl nicht herum, aber nach ihren Vorstellungen und Terminvorschlägen. Und bei ihr zu Hause, unter ihrer Aufsicht. Und allein habe er zu kommen. Die Hundeschlampe jedenfalls komme ihr nicht ins Haus. Und wenn er an den Tagen nicht könne, die sie ihm vorschlage – sein Pech! Ach, und das Sorgerecht wolle sie natürlich auch lieber heute als morgen wieder für sich allein haben. Dass sie jemals der gemeinsamen Sorge zugestimmt hatte, das war doch eindeutig ein Zeichen von vorübergehender geistiger Unzurechnungsfähigkeit. Wahrscheinlich hatte er sie beschwatzt, während sie gerade zu stillen versuchte. Das müsse doch jetzt wieder zu annullieren sein, oder? An dieser Stelle wurde sie von der sanften Stimme der Anwältin unterbrochen: »Soll ich Ihnen nicht erst mal die genaue Gesetzeslage erklären?«

Welche Gesetzeslage? Sie war wirklich nicht in der Stimmung, sich über Formulierungsnuancen in den Nebensätzen irgendwelcher Paragraphen zu unterhalten. Sie war in der Stimmung, Strafe vor Recht ergehen zu lassen. Ungerecht, kleinlich und missgünstig wollte sie sein. Und ihm das Leben zur Hölle machen. Die Anwältin tat, was sie konnte, nämlich einen verklausulierten Drohbrief zu schreiben, in dem er zur regelmäßigen Zahlung des Unterhalts sowie zur Einhaltung seiner Besuchszeiten aufgefordert wurde. Sein Anwalt antwortete mit ebenso verklausulierten Worten und den Einkommensteuerbescheiden der letzten zwei Jahre, die glaubhaft belegten, dass der Vater legal zu wenig Geld verdiente, um seiner Unterhaltspflicht in vollem Umfang nachzukommen. Außerdem fügte der Anwalt gleich noch eine detaillierte Auflistung der nächsten 36 Wochenenden bei, die der Vater mit seinen Kindern nach seinen Vorstellungen zu verbringen gedenke.

»Wir können natürlich vor Gericht gehen, aber viel wird dabei im Endeffekt auch nicht rauskommen«, sagte die Anwältin. »Wollen Sie sich mit Ihrem Exfreund nicht lieber auf anderem Wege einigen? Ich kenne auch einen sehr guten Mediator.«

Sie feuerte die Anwältin, die ganz offensichtlich eine faule und verlogene Person war, und verlegte sich auf den direkten Nahkampf. Die Haare strähnig, die Miene finster und in der Hand einen bedrohlich erhobenen Schlüssel, schlich sie dreimal um sein Auto herum und traute sich dann doch nicht, es zu zerkratzen. Zehnmal stand sie vor seiner Haustür, wollte klingeln und handgreiflich werden und ging dann doch unverrichteter Dinge nach Hause. 345-mal hatte sie den Telefonhörer in der Hand, um ihn unflätigst zu beschimpfen, und 300-mal legte sie ihn, ohne gewählt zu haben, wieder beiseite. 40-mal legte sie schwer atmend auf, als sie seine Stimme hörte. Und 5-mal beschimpfte sie ihn wirklich, allerdings heulte und lallte sie dabei ziemlich, sodass er wahrscheinlich nicht mal verstand, was sie ihm alles Gehässiges zu sagen hatte.

Sie versuchte es mit Telepathie. Morgens, mittags, abends übersandte sie ihm die schlechtesten Gedanken. Wünschte ihm Hodenkrebs und Haarausfall. Schickte Stoßgebete zum Himmel, dass ihn der Blitz treffen möge. Und jedes Mal, wenn sie im Verkehrsfunk Nachrichten von Autounfällen mit Todesfolge hörte, wünschte sie das Unaussprechliche. Man durfte so etwas natürlich nicht denken, aber wären dann nicht alle Probleme aufs Eleganteste gelöst? Sie würde ein schönes schwarz umrandetes Bild aufs Klavier stellen, die Kinder kriegten eine solide Halbwaisenrente und nie mehr müsste sie sich über Besuchsregelungen und Hundefrauen ärgern.

Aber er lebte und lebte und machte keinerlei Anstalten, sich und das neue Auto gegen einen Baum zu setzen. Also blieben ihr nur noch harmlose kleine Alltagsschikanen: Terminabsagen (»Ach ja, habe ich ganz vergessen, heute wäre ja dein Tag gewesen, aber jetzt sind die Kinder schon bei diesem Kindergeburtstag eingeladen«), Urlaubsüberbuchungen (»Hattest du mir nicht gesagt, dass du mit den Kindern in der zweiten Ferienhälfte wegfahren wolltest? Nein? Dann habe ich das wohl missverstanden. Das ist jetzt natürlich blöd, gerade gestern habe ich unsere Türkeireise gebucht. Ja, ja, das ist definitiv, die ist schon bezahlt. Tja, tut mir Leid, dann musst du wohl auf die Herbstferien ausweichen«), unerwartete Krankheitsschübe (»Ja, ich weiß, dass du mit den Kindern am Wochenende zu deinen Eltern fahren wolltest, aber die haben beide so schlimmen Husten, das geht unmöglich. Der Kinderarzt hat auch gesagt, sie sollen unbedingt zu Hause bleiben und sich auskurieren«).

Über die Jahre aber, langsam und unmerklich, ließen ihre Kraft und ihre Wut nach. Abends starrte sie nicht mehr stundenlang wie ein hypnotisiertes Kaninchen aufs Telefon, sondern döste friedlich auf ihrer kleinen Ausziehcouch, während ihr irgendeine Freundin ihren Kummer mit den »total ungerechten Lehrern« ihrer wahnsinnig auffassungsschnellen Kinder ins Ohr jammerte. Nachts lag sie nicht mehr grübelnd wach, sondern erfreute sich eines gesunden Schlafes, der nicht von männlichen Furzgeräuschen gestört wurde. Und tagsüber war es sowieso wie eh und je: Sie kümmerte sich um alles und er war nicht da.

Auch die Kinder entwickelten sich prächtig. Jedenfalls waren sie genauso pampig und unverschämt wie früher, rührten zu Hause keinen Finger, wollten dafür aber ständig irgendwas gekauft haben und beschwerten sich ansonsten über die total unangemessenen Zeitlimits, mit denen Mama ihnen regelmäßig ihre Freitagabende vermieste.

»Nur bis 10 Uhr? Mama, das ist so ungerecht. Alle in meiner Klasse dürfen bis 12 Uhr auf der Party bleiben.«

»Was die anderen dürfen, interessiert mich nicht.«

»Du bist so fies. Ich hasse dich.«

Wie gesagt, ihre Kinder waren mittlerweile wohlgeratene Teenager, die nicht den Eindruck machten, als hätte die Trennung der Eltern ihr Selbstbewusstsein geschwächt oder ihre soziale Kompetenz ruiniert.

Und auch Mama wurde von Jahr zu Jahr ein besserer Mensch. Nach drei Jahren konnte sie sogar wieder den Verkehrsfunk hören, ohne den gewaltsamen Tod des Ex-Lebensgefährten herbeizusehnen. Der Hass hatte offenbar wie eine seelische Tiefenreinigung gewirkt. Und übrigens auch wie eine Super-Wunder-Hollywood-Eier-Ananas-*Brigitte*-

Frühlingsdiät, die sie im Handumdrehen 5 Kilo leichter gemacht hatte. Zum ersten Mal in ihrem Leben fühlte sie sich rundum gut. Und dünn. Und ausgeglichen. Fast immer jedenfalls. Einzige Ausnahme: wenn der so langhaarige wie wortkarge Freund ihrer Tochter mal wieder heimlich in ihrer Wohnküche geraucht und die Zigarette dann auch noch respektlos in ihrem liebsten und ältesten Basilikumtöpfchen ausgedrückt hatte. Da konnte es dann schon mal zu einer lautstarken Ermahnung seitens der schlanken Basilikumtopfbesitzerin kommen.

»Du kannst deinem kleinen Freund sagen, wenn ich ihn hier noch einmal mit seinen verdammten Kippen erwische, dann kann er was erleben.«

»Mama, Oli ist fast 16, der kann rauchen, wo er will.«

»Und ich kann aus meiner Wohnung werfen, wen ich will.«

»Das kannst du nicht machen.«

»Du wirst schon sehen, was ich alles kann.«

»Du bist so fies. Ich hasse dich.«

Ja, es war wirklich alles Friede, Freude, Eierkuchen. Selbst die Nachricht, dass Klaus und Karin, wie sie die Hundefrau mittlerweile gnädig nannte, nach etlichen künstlichen Befruchtungsversuchen demnächst die Zwillinge Karl-Friedrich und Konrad-Alexander erwarteten, verkraftete sie ohne einen einzigen Magenbitter. Sie rief sogar an, gratulierte und wünschte für die Zukunft alles Gute. Und es war fast ganz ehrlich gemeint.

Antwort auf Absage No. 89

Sehr geehrter Herr Schulze,

es freut mich sehr, dass Sie nach vier Monaten die Zeit gefunden haben, den Eingang meiner »unaufgefordert eingesandten« Bewerbung zu bestätigen, die Sie sogar »mit Interesse« gelesen haben, obwohl Sie mir dann doch »zu Ihrem großen Bedauern« mitteilen müssen, dass Sie in Ihrem Ministerium zur Zeit »keine vakanten Stellen« haben, die meinem »Qualifikationsprofil« entsprächen.

Danke auch für Ihre »guten Wünsche« meinen »weiteren beruflichen Lebensweg« betreffend.

Ich weiß, dass es nicht üblich ist, ein solch persönliches Feedback durch ein erneutes Anschreiben zu diskreditieren, aber sehen Sie, ich habe viel Zeit und wenig zu tun, und da schreibt man eben auch gern mal persönliche Briefe an irgendwelche Institutionen, in denen man lang und breit sein privates Unglück darlegt. Was bei der Empfangsadresse selbstverständlich niemanden interessiert, außer Ihre erstbeste Büro-Praktikantin, die sie im Ordner »Briefe erregter Bürgerinnen und Bürger« abheften muss.

In der Hoffnung, dass wenigstens Ihre Praktikantin irgendeine Lehre aus meinem bisherigen Werdegang ziehen kann, nehme ich mir an dieser Stelle dennoch die Zeit, ihn kurz zu schildern. Wenn Sie diese Zeilen in der Hand halten, habe ich bereits seit zwei Jahren vergeblich versucht, eine Arbeit zu finden, die mich und meine Kinder einigermaßen ernährt. Und wenn ich »versucht« sage, dann meine ich nicht, dass ich gelegentlich auf dem Weg zum täglichen Brunchen eine Zeitung gekauft habe, um bei Rührei und Latte Macchiato nebenher den Stellenteil oberflächlich durchzublättern, ihn schnell wieder zuzuschlagen und mit dem Verzehr von zwei weiteren Milchkaffees und drei Apfelschorlen in meinem Lieblingscafé die Zeit totzuschlagen.

Wenn ich »versucht« sage, dann meine ich, dass ich mich in den letzten Jahren auf jede verfügbare Stelle im Bundesgebiet beworben habe, die auch nur im Entferntesten mit den Öffnungszeiten städtischer Schulen und Kindergärten zu vereinbaren ist. Dass ich Hospitanzen gemacht habe, bis ich doppelt so alt war wie meine jeweiligen Vorgesetzten. Dass mir mein Geld für keinen Bewerbungsratgeber zu schade war. Neulich habe ich sogar eine Beratungsstelle für berufstätige Mütter aufgesucht, aber als ich dort das Wort »Wiedereinstieg« aussprach, hoben sich nur mitleidig die Augenbrauen. Wer nicht aussteigt, muss auch nicht wieder einsteigen, ließ man mich wissen. Und wer – wie kann man nur so blöd sein? – einmal ausgestiegen ist, für den sei der Zug in der Regel abgefahren. Ob denn mein Mann nicht arbeite.

Für mein nächstes Leben riet man mir jedenfalls dringend, die Kinder in 10-Jahres-Abständen zu bekommen, »dann können sie sich zu Hause problemlos gegenseitig hüten«, und im Falle eines weiter bestehenden Berufswunsches sollte ich gleich vom Wochenbett aus wieder Anrufe entgegennehmen, ja eigentlich bestenfalls sowieso nur für die paar Stunden der Niederkunft eine Krankschreibung in Anspruch nehmen. Alles andere mache einfach keinen professionellen Eindruck. Und ich solle das auch unbedingt meinen fortpflanzungswütigen Freundinnen weitersagen. (Hab ich.)

»Na, na, na, Mädchen, wer wird denn deshalb gleich den Kopf hängen lassen«, werden Sie jetzt vielleicht sagen wollen. Und Sie haben Recht: Natürlich könnte trotz all der Absagen ein Ruck durch mich gehen, ich könnte das Bewerben aufgeben und alternative Tätigkeits- und Aktionsmodelle ausprobieren. Ich könnte mich zum Beispiel auf dem dritten Beschäftigungssektor engagieren. Gemeinnützig sein. Ich könnte mich in den Kindergartenvorstand wählen lassen, ich könnte einen Fahrdienst für ältere Mitbürgerinnen und Mitbürger gründen, ich könnte für die Kirchenzeitung schreiben und sie dann noch selbst austragen, ich könnte in der Suppenküche aushelfen, ich könnte im Chor singen, mich als Wahlhelferin melden, zur freiwilligen Feuerwehr gehen, aktive Karnevalistin werden. Dem Schwimmverein könnte ich beitreten und dort Kassenwart werden. Ich könnte an der VHS Portugiesisch lernen oder einen kreativen Schreibkurs besuchen. Ich könnte Prousts »Auf der Suche nach der verlorenen Zeit« lesen. Ich könnte all diese Dinge tun, von denen arbeitende Menschen immer behaupten, dass sie sie wahnsinnig gerne täten, wenn sie nur mehr Zeit hätten.

Ich könnte, aber ich tue es nicht. Denn wissen Sie was: Ich hab keinen Bock mehr auf Eigeninitiative, Weiterqualifizierung, Doppelbelastung. Ich – pardon – scheiß auf den ganzen Stress. Ich scheiß auf die Erhöhung irgendwelcher Bruttosozialprodukte, ich scheiß auf die Ankurbelung irgendwelcher Binnenmärkte. Ab sofort verweigere ich mich. Ihnen. Denen. Allem und jedem.

Ich mache jetzt einfach gar nichts mehr.

Oder wenn überhaupt, dann werde ich ehrenamtlich unserem schönen Law-and-Order-Land dienen. Auch und gerade im Interesse meiner Kinder. So nutze ich meine reichlich freie Zeit schon heute unter anderem dazu, meine Nachbarn vom Fenster aus beim Ein- und Ausparken zu beobachten. Mehrere fluchtbereite Täter, die auf den Stoßstangen anderer Autos kleinere Schrammen hinterlassen hatten, konnten dank meiner Mithilfe bereits gestellt werden. Ebenfalls schon mehrfach durch mich zur Anzeige gekommen sind nächtliche Ruhestörer, betrunkene Hausflur-Urinierer, achtlose Hundekot-Liegenlasser. Neulich konnte ich sogar dem Ordnungsamt den wichtigen Hinweis geben, von welchen Balkonen aus regelmäßig Zigarettenkippen auf die Straße geworfen werden.

Ebenfalls von meiner Mitarbeit profitiert die lokale Müllabfuhr, denn seit ich den Inhalt der Abfalltonnen täglich überprüfe und gegebenenfalls die Hausverwaltung über Fälle fehlerhafter Sortierung informiere, ist unser Wohnblock zum beispiellosen Vorbild bei der Mülltrennung geworden.

Bei der Gelegenheit fällt mir ein: Vergessen Sie, was ich oben gesagt habe. Das mit dem Verweigern. Das habe ich nicht so gemeint. Sie wissen ja, wie wir Frauen sind, erst reden, dann denken, dazu immer diese Wut im Bauch, und zu allem Übel auch noch einen Schuss zu viel Hormone. Jedenfalls könnten Sie meine Bewerbungsunterlagen samt diesem Schreiben doch vielleicht freundlicherweise an die Behörde für Staatliche Sicherheit weiterleiten. Denn vielleicht ließe sich ja im Bereich Bespitzelung was Passendes für mich finden. Ich benehme mich nämlich bei meinen Beobachtungen in der Nachbarschaft nicht nur wahnsinnig unauffällig, ich sehe darüber hinaus auch noch ziemlich unspektakulär aus (siehe Bewerbungsfoto) und kleide mich bevorzugt wie ein Schläfer. Und kein Mensch würde Verdacht schöpfen, wenn eine griesgrämige Alleinerziehende den ganzen Tag scheinbar arbeitslos und missmutig um die Häuser streift.

In diesem Sinne schon jetzt vielen herzlichen Dank für Ihre weit reichenden Bemühungen, mich angemessen zu fordern und zu fördern. Ach, und passen Sie auf, dass Sie nicht mal aus Versehen vor meiner Tür im Halteverbot parken.

Ihre allseits aufmerksame Mitbürgerin
Astrid Herbold

www.wofindichbloßeinenneuenmann.de

TomausBerlin ist nicht übel. Seine Brust ist muskulös, sein Haar lässig verstrubbelt. Außerdem ist TomausBerlin »humorvoll, spontan, kreativ und ehrlich«. Und ein bisschen eitel, zumindest hat er fürs Oben-ohne-Foto sichtbar den Bauch eingezogen. Na ja, hätte man selbst wahrscheinlich nicht anders gemacht. Seine Hobbys klingen jedenfalls viel versprechend: Essen gehen, Film & Kino, DVDs, Theater, Musik, Tanzen, Reisen. Sein Modestil ist sportlich, sein Lieblingsessen ist: Fisch/Meeresfrüchte, Thailändisch, Arabisch, andere. TomausBerlin ist ein »aktiver und offener Mensch, halt einfach neugierig und nicht festgefahren«. TomausBerlin hat keine Kinder, aber »eventuell« einen Kinderwunsch.

TomausBerlin wird im Auge behalten. Aber erst mal weiter im Text.

Oho, aha, was haben wir denn da? Das ist doch schon besser. Tim36 – blond und schön. Und noch dazu ein »Genießer der Sinne und des Geistes«. Tim36 hat immerhin einen »eigenen« Modestil, sein Lieblingsessen ist Italienisch, Fisch/Meeresfrüchte, Japanisch. Seine Interessen sind Film & Kino, DVDs, Outdoor-Aktivitäten, Sport, Lesen, Salsatanzen, Schwimmen. Tim36 möchte »die schönsten Seiten des Lebens mit einer hübschen, geistreichen und sinnlichen Frau genießen«. Gut, das war jetzt ein bisschen redundant. Mehr als Geist und Genuss ist dem geistreichen Tim36 offenbar nicht eingefallen. Aber davon abgesehen klingt das doch alles schon sehr gut. Jedenfalls ist TomausBerlin damit eindeutig aus dem Rennen, Tim36 ist jetzt der Favorit. Der ist keine Massenware. Sieht man schon am Foto. Wie der da lächelt. Feinsinnig. Ästhetisch. Kunstbeflissen. Ein Mann – ach was: ein Gentleman wie aus dem Katalog.

Genau genommen sind Tim und Tom ja auch aus einem Katalog, aus dem man sich Männer praktischerweise nach Postleitzahlen, Körpergrößen, Gewichtsklassen, Augenfarben und Altersgruppen aussuchen kann. Auch wenn man in Wirklichkeit natürlich gar nicht ernsthaft auf der Suche ist. Weil man ja super zufrieden ist mit seinem Singlemutter-Leben.

Doch, wirklich! Sie ist super zufrieden. Und autark sowieso. Alles, alles kriegt sie prima alleine hin. Zum Beispiel letzten Sommer, da hatten Freunde von ihr ein riesiges Ferienhaus in Nordschweden gemietet. Sie musste nur zusehen, wie sie die umständliche Anreise organisiert bekam. Sagte sie deshalb ab? Nein, sie sagte natürlich sofort zu. »Klar kommen wir!« Und dann katapultierte sie sich und das Kind mithilfe öffentlicher Verkehrsmittel in weniger als 37 Stunden von Ulm nach Umeå. Nicht schlecht, oder? Und apropos Schweden: Die tonnenschweren Pressspanregale eines bestimmten Möbelhauses alleine aufzubauen und aufzustellen war mittlerweile eine ihrer leichtesten Übungen. Und Hammer, Zange, Bohrmaschine waren ihr liebstes Spielzeug.

Braucht sie also einen Mann? Nein. Sie hat auch so alles und jeden gut im Griff. Sich, ihr Leben, ihre Möbel. Und ihren Nachwuchs. Jedenfalls konnte das Söhnchen über die Jahre immerhin an regelmäßiges Zähneputzen und ans Zubettgehen gegen 21 Uhr gewöhnt werden. Während im Kinderzimmer die Benjamin-Blümchen-Kassette dudelt, findet sich die Mama allabendlich mit einem Glas Rotwein auf der Couch ein. Von dort aus schweift ihr Blick über den zusammengelegten Stapel frischer Wäsche, die fertig geklebten Fotoalben, den aufgeräumten Schreibtisch, den alphabetisch sortierten CD-Ständer, die nach Größe aufgereihten Bildbände. Es ist ja wohl offensichtlich, dass hier nichts und niemand fehlt. Und dass die zwei Menschen in dieser Wohnung ein äußerst selbstzufriedenes Leben führen.

Schade eigentlich nur, dass das keiner mitkriegt. Es macht ja leider nur halb so viel Spaß, die ausgeglichenste aller Mütter und die zufriedenste aller Singlefrauen zu sein, wenn keiner da ist, der es sieht. Gerne hätte sie sich gelegentlich im Applaus eines Außenstehenden gesonnt: »Mensch, wie du das alles schaffst. Wahnsinn.«

Dabei war es ja nicht so, als hätte ihr generell der zwischenmenschliche Zuspruch gefehlt. Im Gegenteil, jeden Abend, wenn mal wieder nichts im Fernsehen kam, telefonierte sie stundenlang mit ihrer aktuellen besten Freundin. In diesen Telefonaten ging es um vier Kernthemen: Erstens, sich gegenseitig loben und versichern, dass man eine tolle Frau ist und in Alltags- und Beziehungsbelangen ohnehin sehr weise, wenn nicht sogar unfehlbar. Zweitens, über irgendwen ablästern. Drittens, kurz das Thema Männer streifen. Viertens und letztens: Gemeinsam das Single-Gebet sprechen. Es war ein Gebet in unzähligen Variationen. Zum Beispiel:

»Du, wenn ich den Stress bei Jasmin und Patrick jetzt sehe, da bin ich heilfroh, dass ich mich nicht auch noch mit einer Beziehung rumärgern muss. Ich kenne sowieso überhaupt keine Pärchen, bei denen man sagen könnte: super Beziehung.«

Oder: »Ich bin ja zur Zeit gar nicht auf der Suche. Ich bin so total zufrieden mit meinem Leben. Da würde ein Mann echt nur stören.«

Oder: »Erinnerst du dich noch an das Drama mit Alex? Wie ich da gelitten habe? Gut, dass ich darüber endgültig weg bin.«

Die Telefonfreundinnen wechselten übrigens gelegentlich. Immer, wenn sich eine trotz ausgiebiger Bekundungen, was für ein überzeugter Single sie sei, schlussendlich doch in den Schoß einer Beziehung geflüchtet hatte, erschien umgehend eine neue beste Freundin am Horizont. Die Dialoge blieben dieselben. Lob, lob, läster, läster, Männer, Männer, Single-Mantra: Wir sind toll – Männer sind blöd –, gut, dass wir alleine sind.

Aber irgendwann geschah das Unfassbare: Nach einigen Jahren und vielen astronomischen Telefonrechnungen wurde es ihr auf einmal langweilig, jeden Abend vier Stunden lang mit einer Frau zu telefonieren, die in allem genau der gleichen Meinung war wie sie selbst. Klar hörte sie immer noch gerne, was für eine »outstanding« Persönlichkeit sie doch war. Aber sie hätte es, ehrlich gesagt, lieber wieder seltener und dafür zur Abwechslung mal aus dem Mund eines Mannes gehört.

Dazu kam – bei selbstkritischer Eigenbetrachtung – noch etwas anderes. Es war ein bisschen peinlich, aber es ließ sich nicht länger verleugnen: Sie war über die Jahre in allem so grässlich praktisch geworden. Bloß keinen Aufwand betreiben. Ausgiebig kochen, um dann mit einem hibbeligen Kind am Tisch zu sitzen, das bestenfalls schmatzt und schlingt, schlimmstenfalls nörgelnd im Essen rumstochert, um nach zwei Minuten aufstehen, weiterspielen oder Nutellabrot essen zu wollen – das lohnt sich nicht. Morgens frischen Kaffee aufbrühen und Milch aufschäumen? Für die halbe Tasse, die sie dann vielleicht trinkt – macht doch keinen Sinn. Stattdessen gibt es Diät-Cappuccino-Pulver in vorportionierten Tütchen. Und aus dem gedeckten Tisch mit Marmelade, Käse und Wurst ist ein Buttertoast im Stehen geworden, während die Stullen für den Kindergarten geschmiert werden. Alleine an den großen Esstisch setzen vermeidet sie generell. Höchstens pflichtbewusst, wenn das Kind seine abendlichen Eiernudeln mit Gurke isst.

Auch bei Garderobe und Intimpflege hat sich eine gewisse Schlampigkeit eingeschlichen. Sprich: Gereinigt wird nur das Nötigste, angezogen nur noch das Bequemste. Morgendliches Duschen, ja. Aber Bikinizone rasieren, wozu? Von der Bein- und Achselbehaarung ganz zu schweigen. Zuletzt ließ sogar ihre Lust nach, sich die Haare zu waschen oder zum Friseur zu gehen. Wo doch auch ein regenbogenfarbenes Haargummi die Fransen gut aus dem Gesicht hält. Kopfabwärts sieht es nicht besser aus: Ihre Unterhosen sind verwaschen und ausgeleiert, ihre Baumwoll-BHs grauweiß und mit viel gutem Willen bestenfalls unter dem Oberbegriff »sportlich« zu subsumieren. Hosen kauft sie jetzt gerne auch mal mit Gummizug obendrin. Und ihr aufreizendstes Oberteil ist eine pinkfarbene Bluse aus den frühen neunziger Jahren, bei der die obersten zwei Knöpfe fehlen.

Manchmal kam es ihr vor, als lebe sie auf Sparflamme. Alles plätscherte sang- und klanglos vor sich hin. Das pralle Leben fand offenbar anderswo statt. Vielleicht doch bei den Pärchen? Bestimmt nicht. Aber sie war sich da auf einmal nicht mehr ganz so sicher wie früher. Neuerdings ertappte sie sich sogar dabei, die öden Beziehungen ihrer Freundinnen nicht mehr ganz so abstoßend, verlogen und langweilig zu finden. Sogar an Eckhart, dem neuen Freund von Verena, über dessen Hundeblick und überkämmte Halbglatze sie neulich noch inbrünstig mit Heike gespottet hatte, entdeckte sie ein paar gute Seiten. Immerhin schien er harmlos und treu zu sein.

Nicht, dass sie so einen wie Eckhart selbst gewollt hätte. Aber die Single-Krise ging doch tiefer als anfangs angenommen. In der Fernsehzeitung hielt sie jetzt gezielt nach Liebesfilmen mit Happy End Ausschau. Früher hatte sie die stirnrunzelnd weggezappt. Im Park schielte sie heimlich zu den frisch verliebten Pärchen rüber. Ach, wie lange hatte sie nicht mehr hemmungslos rumgeknutscht. Abends kramte sie die Fotos von Alex raus. Mein Gott, was war sie in den verliebt gewesen. Und küssen konnte der. Seufz.

Was war bloß los mit ihr? Vielleicht lag es daran, dass in zwei Wochen Weihnachten und in drei Wochen schon wieder Silvester war. Der Gedanke an das Jahresende, wenn selbst die zerstrittensten Paare sich um Mitternacht unter dem hell erleuchteten Raketenhimmel glückstrunken in den Armen liegen, machte sie schon Monate im Voraus ganz krank. Wie ihr Silvester dagegen aussehen wird, war klar: Wie jedes Jahr wird sie dazwischen stehen und versuchen, cool und entspannt auszusehen. Und die Freundinnen werden ihr beim Umarmen wieder leise flüsternd die schönsten, tollsten, liebsten Männer wünschen fürs neue Jahr. Und die Freunde der Freundinnen werden sie kumpelhaft in den Arm nehmen, kurz drücken und die Aktion mit einem keuschen Bussi auf die Wange schnell wieder beenden. Und dann wird sie weiter rumstehen und angestrengt in den Himmel gucken, damit sie den anderen nicht bei ihren ekstatischen Liebesbekundungen zusehen muss.

Und nach einer Weile, wenn sich immer noch alle Paare aneinander kuscheln, wird sie dann von den zwei anderen Singles auf der Party angesprochen werden, dem hässlichen

Dicken mit den schwitzigen Händen und der nichts sagenden kleinen Langweilerin mit ihren straßenköterblonden Spaghettihaaren: »Wir gehen wieder rein, kommst du mit?«

Und dann wird sie reingehen und sich schnell noch einen Sekt nehmen. Und noch einen und noch einen.

»Suche tolle Frau, die mit mir ins neue Jahr tanzt.« Das hatte Carsten geschrieben. Mit Carsten hatte es angefangen. Carsten war eigentlich nicht ihr Typ, seine Haare waren eine Spur zu kurz und zu zackig hochgegelt und unter dem Kragen seines Polohemdes meinte sie ein Kettchen gesehen zu haben. Ob es Gold war, konnte sie allerdings nicht erkennen. Aber Carsten schrieb so freundlich und authentisch von Silvesterfeiern, die doch zu zweit einfach mehr Spaß machen, und von Rühreiern und Milchkaffee und frischen Brötchen auf einem Frühstückstisch, den er so gerne mal wieder für eine Frau gedeckt hätte, dass sie vier Nächte lang wach lag und überlegte, ob und was sie Carsten schreiben sollte. Sie tat es dann doch nicht, woran nicht ihre Schüchternheit, sondern doch irgendwie das geballte Abschreckungspotenzial von Polohemd, Kette und Haarzacken schuld war.

Aber Carsten hatte sie angefixt. Von nun an wurde abends nicht mehr mit den Freundinnen telefoniert, sondern im Internet gesurft. Immerhin warteten Tausende von Tims und Toms und Carstens darauf, von ihr angeklickt und in Erwägung gezogen zu werden. Das war eine Zeit raubende Angelegenheit. Erst musste man die Bildergalerien durchsehen, dann die Hobbys studieren, dann nach Kommentaren und Bemerkungen suchen, die auf einen gewissen Esprit hinweisen konnten. Wichtig war dabei auch: Dichtete hier jemand selbst oder hatte er heimlich ein Bonmot aus »Die schönsten deutschen Zitate« abgeschrieben? Wenn man da nicht aufpasste wie ein Schießhund, war man schnell mal auf einen vermeintlichen Poeten reingefallen, der dann in seinen E-Mails nur unter Mühen der deutschen Schriftsprache mächtig war.

Sie ging die Sache großflächig und systematisch an. Wenn schon, denn schon. Auf diversen Dating-Plattformen durchstöberte sie insgesamt 32 785 Männer zwischen 32 und 42, die im Umkreis von 50 km ihrer Postleitzahl wohnten. Sie wurde Suchprofi. Bald kannte sie die gängigsten Sprüche und üblichen Badehosenfotos. Auf den ersten Blick konnte sie die Sonderschüler von den Akademikern, die Künstler von den Bankern und die Sexbesessenen von den Klemmis unterscheiden. Sie klebte virtuelle Merkzettelchen auf virtuelle Karteikarten, legte virtuelle Top-Ten-Listen an und löschte sie verschämt wieder. Aber am Abend vor Silvester warf sie Stolz und Vorurteil über Bord und verschickte ihren ersten virtuellen Gruß. An Marc. Marc mit der eckigen Brille und dem kecken Grinsen. Marc mit den schwarzen Haaren und dem melancholischen Rilke-Gedicht.

Marc antwortete noch in derselben Nacht, bat freundlich um ein Bild und brauchte, nachdem sie eins per Anhang mitgeschickt hatte, nur zwei Minuten, um ihr zu gestehen, dass sie »rein optisch« nicht ganz sein Typ sei.

Sie setzte ihr neues Hobby zwei Tage lang beleidigt aus, flirtete auf der Silvesterparty lustlos mit dem schwitzigen Dicken und rief am Neujahrsmorgen ihre beste Freundin an, um sich mit ihr gemeinsam auf ein weiteres Jahr als glücklicher Single einzustimmen: »Ich hab es ja schon immer gewusst: Wir sind zu gut für diese Welt, Männer sind Schweine, ich will so alleine bleiben, wie ich bin.« Aber noch am selben Abend scannte sie ihr schönstes Urlaubsfoto ein, das, auf dem ihre Haut so braun, ihre Zähne so weiß und ihre Haare so hübsch vom Wind zerzaust waren. Und dann bastelte sie sich ein 1A-Profil zurecht. Spritzig, geistreich, viel versprechend. Auch wenn es ihr peinlich war, zu solch drastischen Mitteln greifen zu müssen. Hoffentlich sah keiner ihrer Bekannten, wie sie sich da anbot wie sauer Bier.

Zum Schämen blieb gar keine Zeit. Denn ab jetzt geriet ihr neues Hobby schlagartig zur Vollzeitbeschäftigung. Von den rund 13 563 792 männlichen Singles im Umkreis von 800 Kilometern schrieb ihr ungefähr jeder Vierte eine E-Mail. Jedenfalls kam es ihr so vor. Kaum tönte am Abend das vertraute Törööö durchs Kinderzimmer, hatte Mama den Rechner schon hochgefahren. Die E-Mail-Box wie immer voll bis zum Anschlag. 98,9 Prozent sahen grässlich und deprimiert aus und schrieben dummes Zeug, weg damit. 1 Prozent sah ganz gut aus, leider zeugten aber die beigefügten Zeilen nicht gerade von Intelligenz und Selbstironie – also auch aussortieren. Das letzte Zehntelprozent schrieb Texte, die sie schmunzeln ließen, und schickte Fotos, die sie gerne länger betrachtete. Ihm wurde gnädig geantwortet.

Es war eine herrliche Zeit. Eine Sucht, die niemanden ins Verderben stürzte. Ein Doppelleben, bei dem keiner betrogen wurde. Sie schrieb und schrieb. Und die Männer schrieben zurück. Manche morgens aus dem Büro, manche abends aus ihren einsamen Junggesellen-Wohnzimmern. Jedenfalls behaupteten sie immer, dass es einsame Junggesellen-Wohnzimmer waren. Manche schrieben täglich, manche stündlich, manche im Minutentakt. Man neckte sich und man umgarnte sich. Charmant, diskret und vorsichtig, versteht sich. Immer gab es einen Favoriten. Mal war es der kluge Geschichtslehrer mit seinen schönen Schillerlocken, mal der freche Journalist mit seinen spitzzüngigen Anspielungen, mal der mitfühlende Fahrradkurier, der selbst ein Kind hatte und sich immer rührend nach ihrem erkundigte.

Nahtlos hüpfte ihre Begeisterung von einem zum anderen. Sie war eigentlich ununterbrochen virtuell verliebt. Wobei der einfallsreichste Schmeichler meistens die Nase vorn hatte. Oder der, der das beste Timing hatte. Denn Verliebtheit und Verzögerungseffekt hingen offenbar eng miteinander zusammen. Antwortete einer immer innerhalb von Sekunden, sank er bald wieder in ihrer Gunst. Der war wohl schon ein bisschen zu sehr auf sie fixiert. Der nahm das wohl alles schon eine Spur zu ernst. Ließ sich einer dagegen immer ein paar Stunden, schlimmstenfalls ein paar Tage Zeit mit seiner Antwort, war sie bereits feurig entflammt vor Wut und Unsicherheit. Und das war der ideale Nährboden für romantische Gefühle. Jedenfalls brachten sie die zögerlichen Schreiber immer schier um den Verstand. Mit zittrigen Fingern und pochendem Herzen saß sie dann vor dem Bildschirm. Oder sie stand um drei Uhr nachts auf und schaute nach, ob er nicht doch schon zurückgeschrieben hatte. Wenn nicht, dann konnte sie den Rest der Nacht garantiert nicht schlafen.

Stattdessen formulierte sie im Bett seitenlange Geständnisse, die sie ihm bald machen würde. Wenn er ihr nur endlich ein eindeutiges und ernst zu nehmendes Zeichen seiner tiefen Zuneigung gäbe. Und dann stellte sie sich vor, wie er auf ihre gefühlvolle Offenbarung hin in ihre Arme fliegen und sie stürmisch küssen würde. »Ach, wenn ich nur schon früher gewusst hätte, was du für mich empfindest. Und ich für dich.« Der Rest des Wachtraums war von kitschigen Szenarien dominiert, in denen feurige Umarmungen, schäumende Meere, rassige Pferde und wolkenlose Sonnenuntergänge vorkamen.

Aber all das würde sie tagsüber natürlich nicht mal unter Folter zugeben.

Trotzdem hatte ein sporadisch korrespondierender Brieffreund sie auf diese Weise einmal über Wochen so weich zu kochen verstanden, dass sie tatsächlich ihre Telefonnummer rausrückte und einem echten Treffen zustimmte. Es war ein kapitaler Fehler. Schon das zweiminütige Telefonat, bei dem die Eckdaten der Verabredung geklärt wurden, fand sie steif und unangenehm. Kein Vergleich zu dem intimen Diskurs, den man schriftlich miteinander pflegte.

Im Café sah sie ihn von weitem winken und bereute gleich alles. Sie umarmten sich linkisch und er roch komisch parfümiert. Vielleicht war es auch sein Aftershave, jedenfalls sah er irgendwie so spießig frisch rasiert aus. Wie ein Jurastudent. Und dann diese karottenförmige Stoffhose, auf die sie einen schamhaften Blick geworfen hatte, als er aufstand, um ihr ein Getränk zu bestellen. Überhaupt, dass er gleich aufgesprungen war, nur weil die Kellnerin dreimal an ihrem Tisch vorbeigegangen war. Irgendwie eine Spur zu eilfertig. Und dann die Art, wie er sich so betont interessiert zu ihr vorbeugte und sich dabei alle paar Sekunden in die Haare fasste. Und gerade hatte er irgendwas von »Landn« erzählt, wo er offenbar öfter mal war. Was wollte er ihr jetzt damit sagen? Dass er eine Fremdsprache konnte? Ständig im europäischen Ausland umherjettete? Weltgewandt und kosmopolitisch war? Sie fand ihn jetzt schon richtig doof. Eigentlich hätte sie aufstehen und gehen sollen: »Tut mir Leid, es war ein Irrtum, wir passen nur im WWW zusammen.«

Stattdessen quälte sie sich höflich durch einen verkrampften Abend, an dessen Ende er sich ein »Du siehst aber auch ganz anders aus als auf dem Bild« auch nicht verkneifen konnte. Vergessen die nächtlichen Briefe, in denen sie sich gegenseitig ihre seelischen Abgründe offenbart, ihre peinlichsten Lieblingsliebeslieder gestanden und ihre geheimsten Lebensträume erzählt hatten. Man verabschiedete sich mit einem diplomatischen »Man sieht sich« – »Ja, bis bald mal« und eilte entsetzt in entgegengesetzte Richtungen von dannen.

Sie traf sich nie wieder mit einem Brieffreund.

Warum sollte man auch erfahren wollen, ob einer, der schön schreibt, beim Autofahren in der Nase bohrt oder jeden Morgen sein spärliches Brusthaar rasiert. Sie wollte sowieso keinen echten Mann. Jedenfalls nicht hier, in ihrem realen Zwei-Zimmer-mit-Kleinkind-Leben. Echte Männer machten nur Ärger. Und Arbeit. Und Unordnung. Außerdem war sie sich nicht sicher, ob sie im Alltag überhaupt noch teamfähig war. Nicht nur, dass sie Nasebohren eklig fand und Brusthaarrasieren indiskutabel, sie hatte auch Tausende von kleinen albernen Angewohnheiten, die ihr über die Jahre lieb und teuer geworden waren und von denen sie sich unter keinen Umständen hätte trennen wollen, nur weil ein Mann vielleicht andere Ansichten vertrat. Zum Beispiel diese hässliche alte gelbe Teekanne, in der sie immer ihren Früchtetee kocht, die quetscht sie auf eine ganz spezielle Weise in die Spülmaschine, um sie danach auf eine ganz spezielle Stelle im Regal zu stellen. Oder die Teelöffel, die in ihrem Löffelfach immer in Löffelchenstellung einsortiert werden, weil sie sonst nicht alle reinpassen. Während die Esslöffel wild durcheinander liegen dürfen. Und Butter muss draußen stehen und butterweich sein, Tomaten natürlich auch. An Geburtstagen gibt es selbst gemachten Kuchen, und zwar ihren legendären Kalten Hund mit ungefähr einer Million Kalorien. Von dem Mama und Söhnchen dann so viel essen, bis ihnen schlecht wird.

Was, wenn nun einer käme, der die Löffelordnung missachtete und die Spülmaschinenspülung der Teekanne missbilligte? Was, wenn er ihr Kind nicht mögen und ihre Ernährungsgewohnheiten kritisieren würde? Nein, ohne Zweifel war sie besser dran ohne einen echten Mann. Vorerst wollte sie jedenfalls weder parfümierte Jurastudenten auf der Couch noch Brusthaarstoppeln in der Dusche.

Sie wollte nur ein bisschen spielen.

So blieben es heiße und kurze Liebschaften, an denen Platon seine helle Freude gehabt hätte. Kleinste kommunikative Fehltritte, und schon waren die Herren Internet-Bekanntschaften wieder weg vom Fenster. Der Lehrer, der anfangs noch mit seinen bildungsbürgerlichen literarischen Kanonkenntnissen punkten konnte, fing irgendwann an, weinerlich und selbstmitleidig zu werden. Ihn liebe ja eh niemand. Schlagartig hörte auch sie damit auf. Der Journalist fand sich eine Spur zu schlau, jedenfalls wurde sein Ton zunehmend belehrender. Wie, sie habe weder die *FAZ* noch die *Süddeutsche* abonniert? Was, sie gucke freiwillig Privatfernsehen? Das könne er ja wirklich kaum glauben. Dann solle er es eben bleiben lassen, schrieb sie zurück und blockte seine Adresse. Der Fahrradkurier schien doch noch nicht ganz über seine Ex-Freundin weg zu sein, denn schon bald fing jeder seiner Sätze mit »Katja meint das« und »Katja findet dies« an.

Es brach ihr nicht das Herz. Denn jeden Abend war ihr Posteingang wieder voll mit schreibwilligen Anwärtern. Neues Spiel, neues Glück. Sie hatte die perfekte Form der Beziehung gefunden. Und eine herrliche Nächte füllende Beschäftigung für Alleinerziehende, die mit Eintritt der Dunkelheit nicht mehr vor die Tür gehen können.

Nur die beste Freundin war neuerdings immer so negativ, wenn sie sich zufällig auf dem Spielplatz trafen: »Was machst du denn die ganze Zeit, bei dir ist abends ja dauernd besetzt.«

»Ich surfe zurzeit ziemlich viel im Netz.«

»Ach so, du guckst Jobbörsen durch.«

»Ja, äh, genau. Jobbörsen.«

»Na, ich drück dir die Daumen. Wär ja auch mal wieder Zeit, dass da was kommt.«

»Allerdings.«

Bewerbung No. 167

Hallo Herr Stecker,

in Internet habe ich gesehen, das Sie Verkäuferinnen für Ihre Drogerieläden suchen. Ich würde gerne bei Ihnen arbeiten. Ich bin fleißig, ich bin freundlich. Ich kann gut deutsch. Kistenstapeln macht mir nichts. Mein Motto: Hauptsache Arbeit. Ich bin nicht in einer Partei oder Gewerkschaft und hab ich auch nicht vor.

Danke
Astrid Herbold

Die gebrauchte Braut

Es soll mal Zeiten gegeben haben, da waren Frauen mit Anhang schwer an den Mann zu bringen. Das ist heute anders, denn Mutterschaft ist selten und hip, und wer schon ein Kind hat, genießt den Ruf, erstens Unordnung gewohnt zu sein und sich zweitens auch über Sex ohne Vorspiel zu freuen. Auf dem angespannten Geschlechtermarkt ist das ein Heimvorteil, der gar nicht hoch genug geschätzt werden kann.

Kluge Männer lieben allein erziehende Frauen. Denn die sind pflegeleicht und anspruchslos. Allein erziehende Frauen wissen sich sozusagen von den Brotkrumen zu ernähren, die das Leben ihnen unter den Tisch wirft. Jemand, dessen Liebesleben ungefähr eine Million Jahre lang brachgelegen hat, kann sich zum Beispiel noch ehrlich über einen abendlichen Quicky auf der Küchenarbeitsplatte oder über einen ans morgendliche Bett gebrachten tropfenden Kaffeebecher freuen, ohne gleich ein paar Vorwürfe wegen vorzeitigem Samenerguss oder Kaffeerändern auf dem hellen Teppichboden hinterherzuschieben. Selbst als der liebestolle Mann den gesamten Inhalt der Tasse mit seinen Zehen umstößt, weil er eine Spur zu ungestüm zurück ins Bett krabbelt, entlockt das der allein erziehenden Frau nur ein sanftes »Ach, nicht so schlimm, trocknet ein«.

Kluge Männer fühlen sich bei allein erziehenden Frauen wie im Paradies. Ob das damit zu tun hat, dass die Alleinerziehende ihre Energie für das alleinige Herumerziehen an ihrem Kind aufspart? Wie dem auch sei, jedenfalls widmet sie den ständigen Ermahnungen und Vorwürfen in Richtung Mann offenbar nur sehr wenig Zeit. So eine Frau hat der kluge Mann vorher noch nie getroffen. Und vor lauter Glück und Schreck wischt er die Lache unaufgefordert auf, kocht neuen Kaffee und bringt ihr eine zweite Tasse an Bett. Aber da – man glaubt es kaum – will sie gar keinen frischen Kaffee mehr, sondern lieber noch mal schnell das andere, was er angeblich genauso gut kann.

Und so gibt es zwischen dem neuen Mann und der allein erziehenden Frau nur Love und Peace. Bis die Sommerferien vorbei sind und die achtjährige Mitbewohnerin der allein erziehenden Frau wieder vom Reiterhof zurück ist. Da hat der neue Mann auf einmal Hausverbot. »Das musst du verstehen. Sie kommt nach zwei Wochen nach Hause und ich setz ihr da einfach irgendwen vor die Nase. Das geht nicht.«

Der neue Mann dachte eigentlich nicht, dass er nur irgendwer sei, und sieht auch nicht recht ein, wieso er offenbar nicht würdig ist, einer Pferdenärrin von Angesicht zu Angesicht begegnen zu dürfen. Aber für den Moment schweigt er höflich. Und mit höflichem Schweigen, das merkt er bald, kann man in dieser Familie eigentlich nichts verkehrt machen.

Zwei Wochen lang ist der Wille der allein erziehenden Frau stark und ihr Hausverbot gültig. Dann wird ihr Fleisch schwach. Und will den neuen Mann zurück. Strategisch plant sie eine erste Annäherung von Mann und Kind im Zoo – auf neutralen Wiesenflächen und unter den Augen von niedlichen Tierchen sozusagen. Das muss doch helfen. Für die Verabredung gilt: ohne Anfassen. Von Frau und Mann natürlich. Die Tochter bringt allerdings überraschend eine Schulfreundin mit und würdigt den mit Prinzenrolle und Lakritzschnecken ausgestatteten Mann, dessen Bekanntschaft sie dort machen soll, keines Blickes. Die allein erziehende Frau versucht noch redlich, ein Gespräch in Gang zu bringen: »Greta, das ist Robert – Robert, das ist meine Tochter Greta. Guck mal, Greta, Robert hat Proviant mitgebracht.«

Greta nimmt sich eine Schnecke – »Was sagt man?«, »Danke« – und vergisst für den Rest des Nachmittags, dass es Robert gibt. Der neue Mann findet den Nachmittag trotzdem gelungen. Wenigstens etwas, denkt die frisch verliebte Frau.

Sechs Tage später macht sie deshalb einen zweiten Anlauf, die Bekanntschaft zwischen Kind und Mann zu stiften. Diesmal ein bisschen direkter. »Du, ich hab Robert für heute Abend zum Essen eingeladen.«

»Welchen Robert?«

»Na, den von neulich, mit dem wir im Tierpark waren.«

»Aha.«

Die Tochter interessiert sich noch immer nicht die Bohne für diesen alten Mann, der weder in Besitz eines Pferdes ist noch selbst Ähnlichkeit mit einem Pferd hat. Das ändert sich schlagartig, als Robert am Abend kommt und der Mama zur Begrüßung ein kleines, kurzes Küsschen auf den Mund zu geben wagt. Da endlich dämmert es im Kopf der Pferdenärrin. Und als der alte Mann am nächsten Morgen immer noch da ist, hat sie es fast kapiert.

In dieser ersten Nacht zu dritt haben die allein erziehende Frau und der neue Mann keinen Sex. Kuscheln ist aber offenbar in Ordnung, solange es leise und unter der Bettdecke stattfindet. Hinterher räuspert sie sich verlegen und befiehlt ihm, die Unterhose wieder anzuziehen. »Wenn Greta uns morgen früh hier so sieht, reicht das schon, da musst du nicht auch noch nackt sein.«

Im Stillen resümiert der neue Mann, dass die allein erziehende Frau offenbar latent verklemmt und ein wenig überbesorgt ist. Weil er aber ansonsten ziemlich wenig an ihr auszusetzen hat, schweigt er auch jetzt wieder, zieht folgsam T-Shirt und Boxershorts an und schläft auf seiner Hälfte der Matratze mit den Händen über der Bettdecke ein. Wer überhaupt nicht schlafen kann, ist die allein erziehende Frau, die ausnahmsweise mal nicht sicher ist, ob sie gerade alles goldrichtig oder völlig verkehrt macht. Weil sie auf diese Frage keine Antwort findet, steht sie gegen fünf Uhr auf, zieht die Schlafzimmertür sorgfältig hinter sich zu und deckt den Frühstückstisch. Gegen 7.30 Uhr gesellt sich die Tochter zu ihr. So beiläufig wie möglich versucht die allein erziehende Frau fallen zu lassen, dass der abendliche Besuch gestern dann doch nicht mehr nach Hause gegangen ist: »Es war schon so spät und wir hatten Wein getrunken, deshalb wollte Robert seinen Wagen lieber stehen lassen.«

Sie ist stolz auf sich, immerhin ist das nicht nur eine so unverfängliche wie plausible Erklärung, sondern auch noch eine pädagogisch wertvolle Botschaft: Man fährt nicht Auto, wenn man Alkohol zu sich genommen hat.

Die kleine Mitbewohnerin glaubt es gnädig. An diesem Morgen. An den folgenden schon nicht mehr. Was sicher auch daran liegt, dass die Mama und der alte Mann in ihrer Anwesenheit nun nicht mehr jeden Hautkontakt vermeiden. Sondern die Anzeichen von Vertraulichkeit sogar von Tag zu Tag in kleinen Dosen erhöhen. Sprich: Die Begrüßungs- und Verabschiedungsküsschen werden bei jedem Besuch um ein paar Sekunden länger. Und wenn sie nebeneinander am Tisch sitzen, streichelt Mama dem alten Mann ununterbrochen übers Gesicht. Und der alte Mann hat dauernd seine Hand an Mamas Rücken. Unter ihrem Pulli! Abends auf der Couch liegt sie in seinen Armen und morgens im Bett sowieso. Die Pferdenärrin kann es kaum mit ansehen, ohne sich zu ärgern. Und zu schütteln. Täglich fragt sie laut und entnervt, warum »der jetzt so oft hier ist«. So, dass er es auch hören kann. Aber irgendwann traut Mama sich zu antworten: »Weil ich ihn ziemlich nett finde. Und weil ich möchte, dass er hier ist.«

»Aber ich nicht«, kommt es bockig zurück. Was übrigens deutlich zu erkennen ist. Anders als in zweitklassigen ZDF-Produktionen haben echte Kinder nämlich keinerlei Interesse daran, dass sich ihre Single-Eltern nach andersgeschlechtlichen Spielgefährten umsehen. Denn einerseits mögen Kinder sowieso am liebsten Eltern, die nie und nimmer den Verdacht erwecken, noch in irgendeiner Form sexuell aktiv zu sein. Andererseits sieht kein Kind ein, warum einer allein erziehenden 38-Jährigen irgendwas abgehen könnte. Sie hat doch schließlich ihr Kind. Wozu braucht sie da noch einen Typen? Für den ist hier weder Raum noch Zeit.

Um der Mutter und dem alten Mann das ein für alle Mal klarzumachen, hat sich die Pferdenärrin auf die spontane Inszenierung von Stand-up-Tragödien verlegt. Vorhang auf: Eine kleine Wohnküche, ein bisschen unordentlich, aber gemütlich eingerichtet. Ein Mädchen sitzt am Tisch und malt. Im Hintergrund ein Mann auf einem Sofa, er liest Zeitung. Aus dem Nebenzimmer hört man die Mutter telefonieren. Das Mädchen blickt auf und ruft: »Mama, kannst du mir eine Orange schälen?«

»Mama telefoniert gerade. Aber kann ich doch auch machen.«

»Nein, Mama soll.«

»Guck mal hier, schon fertig.«

»Will ich nicht.«

»Aber du wolltest doch gerade eine.«

»Nein.«

An dieser Stelle: Auftritt Mama. Achselzucken seitens des Mannes, was meint: Bin mir keiner Schuld bewusst. Heulen, theatralisches Papierzerknüllen und Orangenschnitze-Wegschieben seitens des Mädchens: Mir, meiner Kreativität und meinen leiblichen Grundbedürfnissen wurde großes Unrecht angetan.

So geht es morgens, mittags, abends. Die allein erziehende Frau nimmt es zunächst sportlich – und als Anlass zum Kräftemessen. Es wäre doch gelacht, wenn in diesem Theater nicht künftig nach ihren Regieanweisungen die Puppen tanzen würden. Wozu hat sie das Manipulieren von Mitmenschen jahrelang am ahnungslosen anderen Geschlecht geübt, wenn es ihr jetzt nicht gelingen sollte, einer blümchenmalenden Achtjährigen einen orangepellenden 42-Jährigen schmackhaft zu machen?

Ihre Strategie dafür ist bestens ausgearbeitet und sieht folgende Schritte vor: zuerst Verhinderung weiterer blutiger Aufstände und erbitterter Verteilungskämpfe, dann kontinuierliche Präsenz eines mütterlichen Friedenswächters, der die Gründung Runder Tische fördern und auf lange Sicht friedlich-demokratische Strukturen aufbauen soll.

Anfänglich verläuft die Entwaffnung der Kindersoldatin – die mit ihren Tränen auf Kommando durchaus auch als Schauspielerin Karriere machen könnte – schleppend. Rückschläge sind an der Tagesordnung: »Mama, du sollst neben mir sitzen. Nicht Robert.«

»Ist doch egal, wer wo sitzt.«

»Nein, ist nicht egal, Mama soll neben mir sitzen.«

»Gut, dann setz ich mich eben auf die andere Seite.«

»Da nicht.«

»Wieso nicht?«

»Darum. Da soll frei bleiben.«

»Jetzt reicht's aber. Ich darf mich ja wohl auch hier irgendwo hinsetzen.«

»Aber nicht da.«

Und so weiter. Manchmal hätte die Friedenswächterin am liebsten beide in einen Sack gesteckt und draufgehauen. Es hätte sicher nie den Falschen getroffen. Aber die Friedenswächterin schluckt und schlichtet. Und schlichtet und schluckt. Nach drei Monaten ist sie reif für einen erweiterten Selbstmord oder eine Schreitherapie in den Wäldern Kanadas.

Bis sie eines Morgens mit Staunen entdeckt, dass anscheinend niemand niemanden zum Heulen gebracht hat, während sie unter der Dusche war. Es kommt noch besser: Offenbar hat in den vergangenen fünf Minuten sogar niemand niemanden tödlich beleidigt oder persönlich gekränkt und niemand hat niemandem den Platz oder die Wurst streitig gemacht.

Es ging wahrhaftig aufwärts. Die Tochter saß von nun an auch auf Möbelstücken, die der neue Mann bereits berührt hatte. Und gelegentlich produzierte sie sogar Kunst, die nicht automatisch für Mama bestimmt war. »Hier, den Kerzenständer hab ich für euch beide gebastelt.«

Noch ein paar Wochen später schrieb die Friedenswächterin in ihr Blauhelm-Tagebuch, es gäbe erstmals Anzeichen dafür, dass die verfeindeten Parteien offenbar ganz gut alleine zurechtkämen, ja fast so was wie Spaß miteinander hätten. Vor allem seit die Pferdenärrin herausgefunden habe, dass man auf den Schultern des Mannes prima durch die Wohnung reiten kann. Jedenfalls habe die ehemalige Kindersoldatin neulich höchstselbst vorgeschlagen, mit dem neuen Mann zu

Hause zu bleiben, während Mama noch mal schnell einkaufen gehen sollte. Woraufhin der neue Mann gleich andeutete, man könne ja schon mal anfangen zu kochen, bis Mama wiederkäme. Was von Seiten der Kindersoldatin mit einem begeisterten »Und ich helf' dir« quittiert wurde. Die Mama nahm ihren Der-Umwelt-zuliebe-Stoffbeutel und schüttelte noch auf der Straße minutenlang ungläubig den Kopf. Sollte ihre Friedenssaat wirklich schon Früchte tragen?

Sie trug. Und herrlich war die Ernte, die sie nach dem Einkaufen zu Hause in Form eines gut gelaunten Mannes, einer fröhlichen Tochter und eines zerkochten Nudelauflaufs erwartete. Stolz reckt die allein erziehende Frau den Kopf in die Höhe. Das hier ist allein ihr Verdienst. Ihr ganz privater Triumph. Die ehemaligen Grabenkämpfer sahen das Jahre später natürlich anders – »Wir haben uns doch von Anfang an total gut verstanden« –, aber das war ein eindeutiger Fall von nachträglicher Geschichtsbeschönigung. Nicht, dass sie Lob und Lorbeeren will, aber es bleibt doch festzuhalten, dass sie alleine es gewesen ist, die sich zäh und hartnäckig um die heimische Völkerverständigung bemüht hatte. Friedensnobelpreiswürdig ist ihr Einsatz gewesen. Jetzt wird sie belohnt. Es ist ihr Sieg. Und die Macht der Gewohnheit war mit ihr.

Nach der Entschärfung der heimischen Fronten macht sogar der Sex wieder Spaß. Zwar geht es auch weiterhin nicht ohne gewisse Vorsorgemaßnahmen, das heißt Kinderzimmer- und Schlafzimmertür müssen vorher zu- und hinterher wieder einen Spalt aufgemacht werden. Falls mal was ist und man das Kind sonst nicht rufen hört. Aus diesem und anderen Gründen wird weiterhin am Vorspiel gespart und nicht selten endet der Haupt-Act etwas abrupt mit einem »Sei mal kurz still, ich glaub, Greta ist wach«. Aber die drei Minuten dazwischen sind die reinste Wonne.

Beflügelt von hektischem Sex und der gnädigen Akzeptanz, derer sich der neue Mann im Haushalt der allein erziehenden Frau und ihrer Mitbewohnerin mittlerweile erfreut, fühlt sich das neue Paar imstande, auch einem anderen kritischen Krisenherd gegenüberzutreten. Um genau zu sein, sind es eigentlich zwei. Sie heißen Anton und Paul und leben bei ihrer Mutter in Karlsruhe. Die allein erziehende Frau schrecken Anton und Paul theoretisch nicht. Schließlich weiß sie aus einschlägiger Broschüren-Lektüre, dass man, wenn man überhaupt das seltene Glück hat, jenseits der 35 einen Lebensabschnittsgefährten zu ergattern, sich fast hundertprozentig sicher sein kann, dass er sich – wie man selbst ja auch – in den letzten Jahrzehnten bereits mehrfach gepaart und vermehrt hat. Im Gegenteil, wenn dem nicht so ist, hat man allen Grund, sich ernstlich Sorgen über seine Zeugungs-, respektive Bindungsfähigkeit zu machen.

Mit ihrem neuen Mann war also alles so weit in Ordnung. Zwei Kinder, eine Ex-Frau. Wunderbar. Hätten ja auch fünf Kinder und drei Ex-Frauen sein können. Gleich am ersten Abend ihres Kennenlernens hatte sie darüber hinaus alle weiteren relevanten Informationen abgecheckt: Hat er ein paar Jahre mit den Kindern gelebt? Koliken und Trotzphasen überlebt? Weiß er, dass irreversible Aversionen gegen Gemüse in den besten Familien vorkommen? Hat er sogar nach der Geburt angeboten, ein paar Wochen freizunehmen? Super. Vorbildlich. Kann er sich heute noch was drauf einbilden. Nein, nein, das sei jetzt wirklich keine Ironie in ihrer Stimme. Und seine Trennung von der Kindsmutter ist jetzt genau wie lange her? Aha, fünf Jahre. Aber das Verhältnis zu seinen Kindern natürlich noch eng? Oder hassen sie ihn etwa? Apropos: Wie hält er's mit der Ex? Zersticht sie ihm noch gelegentlich die Autoreifen? Beschimpft ihn, wenn er sich ihr auf zehn Meter nähert? Nein? Das

Verhältnis ist gut? So, so. Aber doch wohl nicht so gut, dass sie noch zusammen in Urlaub fahren würden, oder? Und dort in einem Bett schlafen. Nein, nein, natürlich nicht. Ach, und die Besuchszeiten? In Frieden geregelt, ja? Streit um Geld? Selten? Großartig. Und die Ex hat schon seit drei Jahren wieder einen Neuen, mit dem sie total glücklich ist? Das ist ja schön zu hören und umso besser.

Als die Rahmenbedingungen damit so weit geklärt waren, sah die allein erziehende Mutter keinen Grund mehr, warum sie diesen Mann nicht mit nach Hause nehmen und ihm dort ihre verstaubte Briefmarkensammlung zeigen sollte. Aber wer zu einem Wochenendvater A wie »Also los, lass uns zu mir gehen!« und B wie »Bleib doch noch zum Frühstück!« sagt, der muss irgendwann auch C wie »Charakterlich gesehen, kommen deine Kinder da nach dir?« und D wie »Doch, doch, ich würde sie trotzdem wahnsinnig gerne mal kennen lernen!« sagen. Warum auch soll sie die Söhne Karlsruhes nicht spontan in ihr Herz schließen? Sympathie nach Sippenhaftprinzip. Jedenfalls ist sie wild entschlossen, Anton und Paul in aller Freundschaft die Hand zu reichen. Ohne sich ihnen aufzudrängen natürlich.

Spontan funktioniert das mit der Sippensympathie nur mäßig. Als die beiden nach Monaten der Schonfrist (»Versteh doch, du bist die erste Frau, die ich ihnen vorstelle. Da will ich sie lieber vorsichtig ranführen an die Situation.«) endlich samt Rucksäcken und Skateboards in ihrem Flur stehen, findet sie Antons Hose fünf Nummern zu groß und Pauls Basecap zehn Zentimeter zu tief in die Stirn gezogen. Ausgeburten an Höflichkeit scheinen die beiden außerdem auch nicht zu sein, denn ihre hingestreckte Hand findet zunächst niemanden, der sie drücken will.

Sie zeigt sich trotzdem von ihrer coolsten Seite. Ständig fordert sie den Papa auf, aufregende Dinge mit seinen Kindern zu unternehmen, ihnen zu kaufen, was ihr Herz begehrt, ihnen DVDs auszuleihen, die sie schon lange mal gucken wollten, und sie natürlich so lange aufbleiben zu lassen, wie sie aufbleiben möchten. Anton und Paul wissen ihren Einsatz nur bedingt zu schätzen, jedenfalls ist ihren versteinerten Mienen nicht zu entnehmen, ob sie von der neuen Frau ähnlich begeistert sind wie ihr Vater. Vermutlich hängen sie derselben Eltern-haben-sich-gefälligst-asexuell-zu-benehmen-und-ausschließlich-für-ihre-Kinder-zu-interessieren-These an wie die Blumenmalerin.

Die spontane Begründung einer herzlichen Freundschaft scheitert aber auch noch an anderen Dingen. Die Hauptinteressen der beiden halbwüchsigen Besucher – Computer spielen (Paul), Tags zeichnen (Anton) – lassen sich nämlich leider wenig bis gar nicht mit den Vorlieben der Mutter-Tochter-Kleinfamilie vereinbaren. Nach einem gemeinsam verbrachten Tag, an dem es ziemlich viel peinliches Schweigen und noch mehr peinliches »So, und, was wollt ihr jetzt machen?« gab, einigte man sich deshalb darauf, Unternehmungs-Untergruppen zu bilden – »Ihr mit eurem Papa und ich mit Greta« – und sich erst »morgen oder übermorgen oder so« wieder zu treffen.

Die gemeinsame Freizeitgestaltung mit Anton und Paul blieb auch in den kommenden Weihnachts-, Oster- und Pfingstferien eine angespannte Angelegenheit. Zumal die Pferdenärrin irgendwann angefangen hatte, ihre neue männliche Bezugsperson mit Liebe, Küsschen und Umarmungen zu überschütten, und in Anwesenheit seiner leiblichen Nachkommen zu vereinnahmenden Eifersuchtsattacken neigte, die dann von Seiten der umsichtigen Mutter kunstvoll überspielt werden mussten. Aber die einköpfige Muttertruppe war von ihrem ersten Einsatz noch mit allen Raffinessen der psychologischen Kriegsführung vertraut und ließ sich von der Überschwänglichen und den Versteinerten nicht aus dem Konzept bringen. Ihre Rolle war klar: Sie war der Flokati dieser Familientreffen. Sie schluckte eine Menge störender Nebengeräusche und federte die Schritte aller Beteiligten sanft ab.

In Anwesenheit der Söhne fragte der Flokati deshalb auch nur manchmal vorsichtig nach Essens- und Getränkewünschen, die er dann umgehend erfüllte, und übte sich ansonsten in vornehmer Zurückhaltung. Dass ihr Verhalten die beiden Stammhalter zu der irrigen Schlussfolgerung veranlassen könnte, Frauen benähmen sich immer so – Männer bedienen, Klappe halten –, darauf konnte sie leider unter diesen komplizierten Umständen keine Rücksicht nehmen.

Beim dritten Besuch belohnte das wandelnde Basecap ihre vermeintlich feminine Schüchternheit, indem es das erste Mal unaufgefordert das Wort an sie richtete: »Was arbeitest du eigentlich?«

Die Gefragte antwortete bescheiden und bündig und nickte anerkennend, als Paul die Gelegenheit gleich nutzte, um ausgiebig von der ebenso anspruchsvollen wie aussichtsreichen staatlich geförderten Weiterbildungsmaßnahme seiner Mutter zu erzählen.

»Du, ich fand das Wochenende mit deinen Kindern diesmal richtig nett. Ich freue mich echt schon wieder auf das nächste Mal, wenn sie kommen«, flötete sie dem neuen Mann abends ins Ohr, als die Versteinerten endlich wieder im IC Richtung Karlsruhe saßen. Sie hatte allen Grund zu flöten, denn der neue Mann massierte ihr zum aktuellen Zeitpunkt nicht nur hingebungsvoll die Füße, sondern hatte gerade eben auch erst aufgehört, die Pfannen und Töpfe in die Spülmaschine einzuräumen, in denen er ihr vor einer knappen Stunde ein köstliches Kartoffeln-mit-Fleisch-Sauce-und-frischem-Gemüse-Menü gekocht hatte. Die fünf Kilo, die sie während der Trennung vor drei Jahren verloren hatte, hatten seine Kochkünste übrigens in kürzester Zeit wieder auf ihre Hüften zurückgezaubert. Sie bedauerte das sehr, aber er kommentierte höchst charmant: »Erstens sieht man überhaupt nicht, dass du angeblich zugenommen hast, und zweitens liebe ich jedes Gramm an dir.« Auch wenn er das vermutlich in einer Frauenzeitschrift gelesen und auswendig gelernt hatte – sie fand es originell und entzückend.

Überhaupt war er ein solcher Hauptgewinn, dass selbst zwei stumme Söhne seine Qualitäten nicht schmälern konnten. Ihr Leben war wunderbar. Als wäre ein Gratis-Babysitter, -Haushälter und -Callboy eingezogen. Ständig konnte sie jetzt abends ausgehen, er blieb immer gerne zu Hause, er hatte eh noch am Computer zu tun. Wasserkästen und Kartoffelsäcke schleppt nun selbstverständlich nicht mehr die zerbrechliche Frau, sondern der von Muskeln und Testosteron strotzende Mann in den dritten Stock – »Gib her, das ist doch viel zu schwer für dich, Schatz«. Am Valentinstag und zum Geburtstag kriegte sie tatsächlich Blumen und zu Weihnachten schicke Designerunterwäsche. Leider in der falschen Körbchengröße, aber es zählt ja doch vor allem die Geste, oder?

An seinen unglaublichen Tugenden war sie natürlich nicht ganz unschuldig. Denn eins hatte sie diesmal gleich von Anfang an richtig gemacht: ihre ausgeprägten Bizeps unter labberigen T-Shirts kaschiert, ihre Fähigkeit, eine Bohrmaschine zu halten, geleugnet und sich auch sonst immer und überall dumm gestellt. Vor allem in der Küche. Sie schaffte es sogar, ein Salamibrot dreimal runterfallen zu lassen, immer auf die Butterseite natürlich, bis endlich irgendwas nur noch bedingt Essbares fertig auf ihrem Teller lag. Da musste der neue Mann natürlich heldenhaft einschreiten und seine Liebste vor dem sicheren Hungertod bewahren.

Wenn er sie sonst schon so selten retten konnte. Den Kaffee morgens wollte dann aber wirklich sie für ihn machen, aber immer geriet die Brühe entweder viel zu schwach oder viel zu stark. Und dann noch der Gestank von der übergekochten Milch in der ganzen Wohnung.

Seitdem hat er das Frühstückmachen auch noch übernommen.

Stolz führte sie ihn bei ihren Freundinnen ein – und vor. Er enttäuschte sie nie. Als Anja und Sabine mit den Kindern zu Besuch waren, reichte ein leises »Kannst du mal gucken gehen, ja, danke, das ist so lieb von dir« und der neue Mann stürzte mutig dem Geschrei im Kinderzimmer entgegen. Bis dort alle zertrümmerten Spielsachen repariert und alle Tränen getrocknet waren, blieb genug Zeit, mal so richtig anzugeben.

»Ist er nicht total süß? Kümmert sich und macht und tut. Ich weiß gar nicht, womit ich den verdient hab.«

»Mhm.«

»Ich sag euch, der ist echt vom Himmel gefallen.«

»Mhm.«

»Wir sind so happy miteinander. Ich weiß nicht, wann ich das letzte Mal so verliebt war.«

»Mhm.«

Anjas und Sabines Begeisterung hielt sich in Grenzen. Was nicht am neuen Mann lag, sondern an den hässlichen Scheidungskriegen, in die beide gerade verwickelt waren. Na ja, Pech für sie. Sollten doch froh sein, ihre aufgeblasenen Hähne von Ehemännern los zu sein. Und auch eine Trennung ist ja wohl noch lange kein Grund, einer armen Alleinerziehenden ihren ultimativen Supermann nicht zu gönnen, oder?

Sabine und Anja waren einfach das falsche Publikum. Sie musste sich besser an die Noch-Paare im Bekanntenkreis halten, um mit ihrer perfekten Neueroberung zu prahlen. Und ja, es machte großen Spaß, beim Abendessen unter Freunden endlich mal nicht alleine am Kopfende des Tisches sitzen zu müssen. Sondern großspurig den Arm um die Taille des gut aussehenden Mannes zu legen, der da neben einem saß, und dreimal pro Minute »wir« zu sagen: »Wir fanden den Film ganz toll ... Wir nehmen gerne noch ein bisschen Nachtisch ... Wir gehen jetzt aber doch bald mal nach Hause, stimmt's, Schatz?«

Der perfekte Muskelmann lächelte und nickte und schwieg. Mal wieder. Irgendwann würde sie sicher anfangen, ihm das als Indifferenz, Gefühlskälte und kommunikative Verweigerung vorzuwerfen. Noch aber fand sie es tiefgründig und passend. War doch ob des harmonischen Gleichklangs ihrer liebenden Seelen jedes überflüssige Wort unnötig.

Und wie sie eines Abends mal wieder schweigend auf der Couch saßen, sie blätterte noch durch eine Frauenzeitschrift, er war beim Fernsehgucken eingenickt, guckte die allein erziehende Frau, die eigentlich schon längst keine mehr war, weil er faktisch bei ihr wohnte, zu ihrem schlafenden Helden rüber, der ihr nun schon seit einem Jahr im Lotterbett und am Küchentisch nur die erlesensten Köstlichkeiten servierte – kein Wunder übrigens, dass er abends immer so früh müde war –, und beschloss vier Dinge. Erstens: Es wird Zeit, sich eine gemeinsame Wohnung zu suchen. Zweitens: In dieser gemeinsamen Wohnung wird es ein gemeinsames Bücher- und ein gemeinsames CD-Regal geben. Drittens: Den Teppich zwischen dem gemeinsamen Bücher- und dem gemeinsamen CD-Regal wird nicht sie, sondern Olga, die polnische Putzfrau, saugen. Die geschiedene Olga mit den drei kleinen Kindern und dem Doktor in Philosophie. Die war wirklich ein Goldstück und ihre 7,50 € die Stunde absolut wert. Viertens: Auf dem von Olga gepflegten Wohnzimmerteppich ihrer gemeinsamen Wohnung zwischen gemeinsamem CD- und gemeinsamem Bücherregal werden die allein erziehende Frau und der neue Mann in Kürze ein gemeinsames Kind zeugen.

Noch schlief der neue Mann an ihrem Fußende und ahnte nichts von dem, was da auf ihn zukam. Sie schmiegte sich an ihn und ließ ihn weiterschlafen. Er würde seine Kraft noch brauchen.

Fluch der Karibik

Das ist also jetzt das Happy End.

Das finale Einlaufen in den Hafen einer Patchwork-Familie hätte sie sich glanzvoller und überwältigender nicht vorgestellt. Und so reich ist es, dieses neue Leben. Reich an Krach und Aufregung. An Geld leider weniger, denn um genau zu sein, lebt auch ein Mann mit Ex- und Neu-Familie meist vom Selbstbehalt in den Mund. An Kreuzfahrten in die Karibik ist nicht zu denken. Geschweige denn an eine private Rentenversicherung oder ein Zeitungsabo.

Um die Kreuzfahrten ist es ein bisschen schade. All die farbenprächtigen Obstteller, die einsamen Sandstrände und die abendlichen Musical-Aufführungen der Animateure, die ihnen da entgehen. Und dann das Captain's Dinner. Die Abschlussgala. Das Mondschein-Konzert. Na ja, sei's drum. Immerhin stellt das mit der Altersvorsorge jetzt überhaupt kein Problem mehr dar. Sie ziehen ja einen Haufen liebender Kinder groß, die sie später, wenn sie senil und starrsinnig geworden sind, gerne pflegen und mit durchfüttern werden. Und ganz sicher lassen die Jungen für die Alten dann auch mal eine Schifffahrt über den Bodensee springen.

Bis es so weit ist, bleibt der Lebensstil des Patchwork-

Paares allerdings die stilvolle Verarmung und der bevorzugte Urlaubsort eine kleine Ferienwohnung in Mecklenburg-Vorpommern. Bei der Vorbereitung dieses jährlichen Höhepunkts familiären Beisammenseins darf die Patchwork-Mama nun auch endlich alle ihre brachliegenden Managementtalente ausleben. Immerhin wollen ungefähr 88 Unterhosen, 72 Windeln, 63 T-Shirts, 44 Paar Socken, 25 Hosen, 16 Paar Schuhe, 12 Handtücher, 9 Röcke, 5 Schnuller, 4 Zahnbürsten aufgelistet, zusammengesucht, abgehakt und in einer der 15 Taschen verstaut werden. Nicht zu vergessen eine auf alle Eventualitäten vorbereitete Reiseapotheke samt der nötigen 7 Sorten Sonnencreme – für sensible Haut, für unsensible Haut, für Babys, für Kleinkinder, für Jugendliche, für Erwachsene und After-Sun für hinterher natürlich.

Derart ausgelastet, denkt sie beim Bügeln der Sonnenhüte nur kurz an die triste Zeit zurück, als die Familie noch aus 1 Mutter und 1 Kind bestand und Urlaube komplett aus 1 Koffer bestritten wurden. Ja, das war schwer und hart, die Ferien zu zweit verbringen zu müssen. Vor allem, als das Kind dann zu einer wassersportbegeisterten und kontaktfreudigen Zehnjährigen herangewachsen war, die nie vor 11 Uhr abends müde wurde und nie vor 9 Uhr morgens aufstand. Der Urlaub damals auf Kuba, wo Mutter und Tochter die Erbschaft von Tante Ilse in einer Vier-Sterne-Clubanlage mit Blick aufs Meer und großzügigem Personalschlüssel auf den Kopf gehauen hatten. Das Kind schon halb groß und ständig mit Gleichaltrigen von der Bildfläche verschwunden. Mama dauergeparkt auf ihrer Sonnenliege und ab frühem Nachmittag dem alkoholischen Angebot der All-inclusive-Anlage zusprechend. Und dann dieser süße Barkeeper, Mann, war der nett gewesen. Immer am Winken und Zwinkern. Mit Händen und Füßen hatte sie sich verständigt. Im wahrsten Sinne des Wortes. Und mit der Tochter hatte sie auch immer was zu Tuscheln und Kichern gehabt. Es war fast, als wäre sie wieder 17 und mit ihrer besten Freundin zum ersten Mal mit einer gemischten Jugendgruppe in Rimini. Nur dass sie jetzt keine störenden Pickel mehr auf dem Rücken hatte.

Abgesehen vom Flirten an der Hausbar hatte sie sich dann auch noch eine Lederjacke gekauft, einen Tauchkurs belegt und 6 Bücher à 400 Seiten gelesen.

Lesen, Ausruhen, Tauchen, Barkeeperanbaggern. Das sind alles so langweilige Dinge aus ihrem bemitleidenswerten früheren Leben. Gut, dass diese einsamen Zeiten jetzt ein für alle Mal vorbei sind, denkt sie und reibt sich das vom Dauerbügeln dauersehnenscheidenentzündete Handgelenk. Hier und jetzt warten konkretere Herausforderungen. Zum Beispiel, die zig Koffer, Rucksäcke, Windelpakete und anderweitigen Behältnisse, die im Flur bereitstehen, ins Auto zu schaffen. Um sie dann in 7 Stunden wieder aus dem Auto auszuladen, in 20 Tagen erneut einzupacken und in 20 Tagen und 7 Stunden wieder auszupacken, zu waschen und zurück in die Schränke zu sortieren. Mama hat sich übrigens neuerdings das Tragen von ärmellosen Hauskitteln angewöhnt. Da kann der angesichts dieser Aufgaben leicht aufkommende Achselschweiß besser verdunsten. Ohne unschöne Flecken zu hinterlassen. Superpraktisch.

Der Mann bringt unterdessen das ihm angereichte Gepäck platzsparend im Auto unter. Dann holt er noch schnell das Kind ab, das er vor 7 Jahren mit einer anderen Frau bekommen hat, und lädt es samt dessen geschmackvoller Barbietasche, den geschmackvollen Barbieturnschuhen und der geschmackvollen Barbiejacke ebenfalls in den Kombi, auf dessen Rückbank kurze Zeit später auch das 13-jährige Kind eines anderen Mannes und das Kind, das er vor knapp zwei Jahren mit der Frau im Haushaltskittel gezeugt hat, Platz nehmen. Dann fährt er seine zweite Frau, sein erstes Kind, ihr erstes Kind und das gemeinsame Zweitkind so schnell er kann an den Urlaubsort und entleert den Kofferraum wieder. Damit sind seine Aufgaben in den nächsten Wochen weitgehend umrissen. Die Ein-Drittel-Stief-zwei-Drittel-leibliche-Mutti dagegen sitzt wie immer auf dem Beifahrersitz, zwischen den Beinen eine zehn Kilo schwere Fressalien- und Getränketasche, aus deren Untiefen sie im Zwei-Minuten-Takt Weintrauben, Kekse und Gummibärchen zutage fördert.

Wie kommt es eigentlich, fragt sie sich unterdessen, dass Männer im Auto immer automatisch die Piloten sind. Würdevoll die Gäste begrüßen, Angaben zu Wetter, Reiseroute und voraussichtlicher Ankunftszeit machen und ansonsten wegen ihrer wichtigen Gas gebenden Tätigkeit weitgehend vom Lärm auf den hinteren Plätzen abgeschirmt werden. Von den Frauen natürlich, die als Stewardessen ans Anschnallen erinnern, Tomatensaft und warme Waschlappen austeilen, die Tonträger wechseln und sich das Gezeter der ungeduldigen Passagiere anhören. Es nützt übrigens nichts, einen simplen Rollentausch anzustreben – sie Fahrer, er Beifahrerin –, denn dann ist die Frau zwar Pilotin, aber zugleich immer noch die Stewardess. Und der Mann neben ihr so was wie eine ungelernte Hilfskraft mit wenig mitdenkerischen Fähigkeiten. Und einem Hang zum ziellosen Herumkramen: »Hast du für die Kinder was zu trinken eingepackt?«

»Ja. Natürlich. Wasser. Tee. Apfelschorle. Oben in der Tüte.«

»Find ich nicht.«

»Ganz obendrauf, da, in der blauen Tüte.«

»Hier sind nur Kekse.«

»Obendrauf.«

»Hier ist nichts.«

Woraufhin an einem Parkplatz gehalten werden muss und die Pilotin kurz Essen und Getränke serviert.

»Soll ich nicht lieber wieder fahren, Schatz?«, fragt zärtlich der Hilfskellner. Was sie resignativ bejaht.

Früher wären solche Pärchen-Reisegewohnheiten undenkbar gewesen. Aber da war sie ja auch noch ein einsamer Single. Wenn der kleine Hunger kam, musste sie mit dem Kind in ein ICE-Bordrestaurant gehen. Wo sie 16 Euro für ein Croissant, einen Kaffee und ein Wasser bezahlte und dafür die weißen Tischdecken und den zuvorkommenden Diensteifer des Mitropa-Personals ertrug. Was sie sich da alles zugemutet hat. Wie viel schöner ist es da doch auf dem unbequemen, weil viel zu weit nach vorne gestellten Beifahrersitz eines verkrümelten Gebrauchtwagens, mit Trinkpäckchen und Wurststullen zwischen den Knien. Und wie laut es hier heute wieder ist. Ganz anders als in einem langweilig-gediegenen Bordrestaurant.

Wirklich, im Auto ist mittlerweile kein Wort mehr zu verstehen. Selbst die in ihren 7er BMWs auf der linken Spur vorbeirauschenden armen kinderlosen Doppelverdiener können neidisch die Scheiben des schmutzigen, alten Kombis von Schallwellen vibrieren sehen. Wer jemals vorhat, eine kinderreiche Patchwork-Familie zu gründen, der sollte wissen, dass es bei längeren Autofahrten nicht anders zugeht als bei einer biologisch homogenen Familie. Nämlich: lebhaft. Um die Musikauswahl und die Sitzplätze wird wortgewaltig diskutiert, unabhängig davon, ob und wie blutsverwandt die Insassen sind. Mit dem Ergebnis, dass egal, wer wo sitzt und welche Kassette gerade läuft, immer mindestens zwei von drei Kindern, sagen wir mal, nicht ganz zufrieden sind.

Leere elterliche Drohungen – »Wenn jetzt nicht endlich Ruhe ist, dann drehen wir sofort um und fahren wieder nach Hause« – hat man sich zum Glück schon lange abgewöhnt, vor allem, weil sie einem zu komplizierten kommunikativen Regelwerk unterlagen. Grundsätzlich galt nämlich: Ermahnen durften die anwesenden Elternteile in erster Linie die Kinder, an deren leiblicher Entstehung sie zweifelsfrei beteiligt waren. Mehrmals. Erst dann war es dem jeweiligen Stiefelternteil unter Umständen erlaubt, ins gleiche Horn zu stoßen.

Insgesamt bedurfte jede Form der Einmischung eines ausgeprägten Fingerspitzengefühls: Denn man stand ja immer grundsätzlich unter dem Verdacht, entweder die eigenen Kinder zu bevorzugen oder die Stiefkinder zu benachteiligen. Oder umgekehrt. Der Verdacht wurde von den Kindern selbst zwar nie artikuliert, aber das Servicepersonal auf dem Beifahrersitz überprüfte dennoch sicherheitshalber jede seiner Äußerungen auf ihren unanfechtbaren Gerechtigkeitsgehalt.

Irgendwann nahm man dann von fruchtlosen Ermahnungen ganz Abstand, überließ das Erziehen von montags bis freitags denen, die dafür bezahlt wurden, und die Kinder sich selbst. Und dass es zwischen denen gelegentlich zu Morddrohungen und Totschlagsfantasien kommt, heißt ja noch lange nicht, dass sie sich nicht mögen und schätzen. Im Gegenteil. Anschaulich beweisen die Dialoge auf der Rückbank, dass hier längst zusammengewachsen ist, was ursprünglich nicht zusammen gezeugt worden war. Von der anfänglich schüchternen Zurückhaltung keine Spur mehr. Stattdessen herrscht ein sehr offenes geschwisterliches Verhältnis.

»Wann können wir endlich Conny hören?«

»Äh, Conny. Ist doch was für Babys.«

»Gar nicht.«

»Conny, Conny mit der Scheiße im Haar.«

»So heißt das gar nicht. Du bist doof.«

»Selber doof.«

»Wer es sagt, der ist es selber.«

»Selber, selber, lachen alle Kälber. Lacht der ganze Hof und du bist doof.«

In Ermangelung weiterer gereimter Repliken stößt das mittlere Kind an dieser Stelle das große Kind mit dem Ellbogen in die Seite. Woraufhin das große Kind das mittlere sanft auf den Arm haut. Es folgt: Geschrei.

»Papa, Anne hat mich gehauen.«

»Du hast doch angefangen, du alte Petze.«

»Gar nicht. Du.«

»Nein du.«

»Nein du.«

»Nein du.«

»Nein du.«

»Petze, Petze ärgert sich, ärgert sich die ganze Nacht, hat vor Schreck ins Bett gemacht.«

Es fällt schwer, sich beim unkommentierten Ertragen solcher Konversationen nicht wie eine echte Familie vorzukommen. So vom Gesamtgefühl her. Das ist es, denkt die auf dem Beifahrersitz eingequetschte Mama, das pralle Leben, das ich immer haben wollte.

Und dabei bilden die fünf Autoinsassen sozusagen nur die Spitze des Eisbergs dieses prallen Lebens. Da ist auch noch der ganze riesige Rest der Sippe. Die verwandtschaftlichen Verstrickungen der Patchwork-Großfamilie sind mittlerweile tatsächlich so komplex, dass man zur Erstellung von Stammbäumen mindestens noch eine vierte Dimension bräuchte. Deshalb wird für den Alltagsgebrauch die Definition, wer hier alles dazugehört, der Einfachheit halber relativ diffus gehalten: Die gefühlte Familie, das sind all diese Leute, die man einigermaßen oft sieht, vor allem an Geburts- und Feiertagen. Mit denen man sich ganzjährig, außer nach dem fünften Eierlikör an Heiligabend, gut versteht und denen man aus dem Urlaub eine Karte schickt. Was zwar regelmäßig in einem finanziellen und logistischen Desaster endet, weil allein die Aktualisierung des Adressverteilers im Vorfeld der Ferien zwei Wochen dauert. Von der verzweifelten Suche nach 48 verschiedenen Bildmotiven und ebenso vielen leicht variierenden Formulierungen des banalen Inhalts »Wir sind im Urlaub. Die Sonne scheint. Viele Grüße« ganz zu schweigen. Zuletzt verschlingen dann die Portokosten auch noch die ohnehin mageren Reserven des Urlaubstaschengeldes.

Aber was sind schon kleinere Hürden, wenn man dafür eine so moderne und aufgeschlossene Familie sein Eigen nennen darf. Genetische Schnittmengen oder offizielle Einheiratungen sind für die Zugehörigkeit zum Glück nur noch Kann-Kriterien. Im Zweifelsfall zählt man sicherheitshalber auch schon die brandneue Freundin des flatterhaften Bruders zur näheren Verwandtschaft, obwohl noch niemand aus der Familie sie zu Gesicht bekommen hat und es mehr als ungewiss ist, ob die Beziehung bis zum nächsten Osteressen hält.

Auch ansonsten hält man sich nicht länger als nötig mit kleinkarierten biologistischen Details auf, die nicht nur zarte Kindergemüter längst überfordern: Wer ist jetzt noch mal wessen Oma-Opa-Vater-Mutter-Stiefbruder-Halbschwester-Neffe-Großtante-Exfrau? Warum ist der kleine Bruder der Halbbruder der Stiefschwester? Und wie ist man eigentlich mit den aus erster Ehe stammenden Kindern des Bruders des neuen Mannes von Mamas Schwester verwandt? Wie sagt man zum Lebensgefährten der Exfrau von Mamas neuem Mann? Und zur Oma von den Kindern von Papas zweiter Frau? Wie viele Opas und Stiefopas kann man eigentlich überhaupt haben? Und zählen die Eltern der Patentante auch dazu? Vor allem aber: Welche von diesen 89 Menschen lädt man zum nächsten Kindergeburtstag ein? Das Geburtstagskind findet die Antwort einfach: »Na die, die ein Geschenk mitbringen.«

Also alle. Toll. Das wird ein Fest. Und während Patchwork-Papi umgehend die ganze Familie per Rundmail einlädt, backt Patchwork-Mami sieben Kuchen auf einen Streich. Die restlichen 15 Kuchen lässt sie von den diversen Omis, Tanten und Schwiegermüttern mitbringen.

Schade nur, dass die Verwandtschaft an den Rändern zu so starker personeller Fluktuation neigt. Die Freundin des Bruders des Mannes der Schwägerin zum Beispiel hat sich offenbar schon wieder getrennt und ist mit ihren zwei Kindern aus erster und ihrem einen Kind aus zweiter Ehe zurück zu ihren Eltern nach Dresden gezogen. Beziehungsweise: zu ihrer Mutter und ihrem Stiefvater. Um diesen Verlust trauert die Familie besonders, denn ihr gedeckter Apfelkuchen war der ungekrönte Star der letzten Kuchenbüffets.

Trotzdem, es ist und bleibt ein interessantes Gefühl, mittlerweile mit der halben Nation über fünf Ecken verschwippschwägert zu sein. Wer kann das schon von sich behaupten? Mit dem Gedanken tröstet sich die Mama auch über den wettermäßig durchwachsenen, aber ansonsten natürlich wahnsinnig erlebnisintensiven Ferienhausaufenthalt hinweg. Und wer will schon so kleinlich sein und über die Enge eines 45-qm-Apartments, Straßenlage ohne Balkon, über zu alte Betten und schimmelige Duschvorhänge jammern? Wo doch eine großzügig ausgestattete Kochnische mit zwei Kochplatten, drei Töpfen und den insgesamt sechs Tellern und Tassen zum Zubereiten toller Mahlzeiten einlädt, die hinterher im harmonischen Familienverband gemeinsam vertilgt werden. Ja, selbst das Aufräumen macht hier im Urlaub mehr Spaß als zu Hause. Genauso wie das tägliche 17-fache Abspülen des extrem überschaubaren Geschirrsortiments.

Für seine Lieben, die eigenen wie die angeheirateten, tut man das natürlich alles gern. Mehr noch: Selbst ihre noch ungelesenen Fachzeitschriften hat Mama schlussendlich dem Glück der Gemeinschaft geopfert. Jetzt dienen sie am Eingang der Ferienwohnung als Unterlage für die nassen Gummistiefel.

Auch sonst entfaltet die karge Unterkunft eine Menge positiver Energien. Gestern zum Beispiel haben sich Patchwork-Mama und Patchwork-Papa zum ersten Mal einen ganzen Tag lang nicht gestritten. Und heute Morgen hat der Patchwork-Papa eine ganz tolle Überraschung verkündet: »Wisst ihr, wer uns heute besuchen kommt? Ratet mal. Da kommt ihr nicht drauf. Olaf. Olaf und Jutta. Und die Kinder.«

Ach, der Onkel Olaf. Der Onkel Olaf und die Tante Jutta. Und die drei Jungs. Das wird ein Spaß.

»Ich kann ja schnell ein paar Kuchen backen.«

»Das wäre toll. Klasse, Schatz.«

Stirnküsschen vom Patchwork-Papa für die Patchwork-Mama, die sich einen kurzen Augenblick lang schrecklich alt vorkommt.

Kaum ist der Besuch da, da wird der Patchwork-Mama von Tante Jutta wie immer prompt das Baby aus der Hand gerissen. Während die fünf großen Kinder sich derart lautstark in der 5 qm großen Kinderschlafkoje rumstreiten, dass man sie schließlich vor Olafs Laptop setzen und eine DVD reinschieben muss. Die Eltern führen unterdessen im Hintergrund interessante Erwachsenengespräche.

»War das Wetter schon die ganze Woche so bescheiden?«

»Ja.«

»Und das im August. Mensch, das ist ja echt Pech. Ist das euer gesamter Jahresurlaub?«

»Ja.«

»Na dann.«

Dann schlägt der Patchwork-Papi seinem Großstiefcousin Olaf einen Spaziergang zum Parkplatz vor, wo man sich kurz fachmännisch über den Motorblock der jeweiligen Familienkutsche beugen wird. Kaum sind die Männer um die Ecke, holt Großstiefschwägerin Jutta tief Luft und hält ihren Lieblingsmonolog: »Was, euer Kleiner schläft immer noch so schlecht? Das kommt vom Stillen. Willst du denn jetzt nicht bald mal aufhören damit? Ist ja alles gut und schön, aber man muss es ja auch nicht übertreiben. Und wahrscheinlich nimmst du ihn bei jedem Mucks hoch. Kinder spüren das, wenn sie dich in der Hand haben. Du musst ihn mal eine Nacht schreien lassen, dann kapiert er schon, dass die Nacht zum Schlafen da ist. Und sag mal, bist du sicher, dass du genug zufütterst? Das Kind kommt mir wahnsinnig dünn und blass vor. Also von unserer Seite her hat er das nicht, mit dem schlechten Essen. Unsere Kinder hatten immer alle einen gesunden Appetit. Vielleicht fehlt ihm ja auch frische Luft. Gehst du denn jeden Tag mit ihm ein paar Stunden lang raus? Dann würde er nämlich nachts auch besser schlafen.«

Eine Familie ist ein Hort des Wissensaustauschs. Deshalb kann eine Familie gar nicht groß und eine ehemals einsame Alleinerziehende gar nicht dankbar genug sein. Weil die anderen Familienmitglieder sie jetzt so gerne an ihrem reichen Erfahrungsschatz teilhaben lassen.

Und wenn die vielen Verwandten gerade mal nicht da sind, macht es auch viel Freude, knifflige Erziehungsfragen mit dem neuen Partner zu besprechen. Da kann man endlich mal üben, was jahrelang alles so brachlag an sozialer Kompetenz. Kleinigkeiten ellenlang ausdiskutieren. Ohne dass am Schluss nennenswerte Ergebnisse dabei rauskommen. Das ist doch toll. Da lernen die Kleinen schon vom Zusehen, wie es zugeht im richtigen Leben. Außerdem ist es für die Kinder auch ganz großartig, dass sie jetzt so viele männliche und weibliche, alte und junge, große und kleine Vorbilder und Bezugspersonen haben. Auch wenn die eigene Mutter sie deshalb kaum noch zu Gesicht bekommt. Des Zweitbabys erste Worte waren jedenfalls nicht »Da, da: Mama!«, sondern »Wo sind denn die anderen allen?« Und selbst ihre große Tochter konnte sich neulich nur noch mit Mühe an den Vornamen ihrer Mutter erinnern.

Früher war das alles anders. Wenn das Kind Kuschelbedarf hatte, dann hüpfte es nur seiner geliebten »Mami« auf den Schoß. Was natürlich alles in allem ein Zeichen unnatürlicher und überängstlicher Fixierung von Kind auf Mutter und umgekehrt war. Jetzt jedenfalls hatte der Nachwuchs diese Fixierung offensichtlich gut überwunden und sowieso genug damit zu tun, sich mit den zahlreichen Halbcousins und Stiefgeschwistern gegenseitig Klingeltöne aufs Handy zu schicken. Um anschließend den diversen Großelternpaaren noch mehr Taschengeld abzuschwatzen.

Zum Teufel mit dem Dorf, das es angeblich braucht, um Kinder großzuziehen, denkt sie an diesem Abend, als Olaf, Jutta und die Jungs endlich wieder das Weite gesucht haben und sie sich im muffigen Ehebett von einer Seite zu anderen wälzt. Zum Teufel mit großen Familien und kleinen Ferienwohnungen. Zum Teufel mit Bügelorgien und Barbietaschen und Beifahrersitzen.

Und in dieser Nacht träumt die Patchwork-Mama einen wunderschönen Traum: Die Welt war leer und stille. Nur sie fuhr mit einem Auto eine Straße entlang. Die Kurven nahm sie sachte und umsichtig. Waghalsige Lenkmanöver vermied sie. Denn hinten auf der Rückbank schliefen eng aneinander gekuschelt ihre Kinder. Traulich und hold. Da kurbelte sie im Traum das Fenster der Fahrertür herunter, zündete sich eine Zigarette an und blies friedlich den Rauch in die Dämmerung. Dann drehte sie vorsichtig das Autoradio an – und zwar den volkstümlichen Schlagersender, den der musikalisch anspruchsvolle Lebensgefährte sonst immer mit einem Stöhnen weitergeschaltet hatte – und fuhr leise singend zwischen nebeligen Wiesen dahin.

»Du, Schatz« – am nächsten Morgen nach dem kärglichen Urlaubsfrühstück ohne Brötchenservice lehnte sie sich freundlich zum Vater der einen Hälfte ihrer Kinder rüber: »Du, Schatz, willst du nicht mal Zigaretten holen gehen?«

»Wer, ich?«

»Ja.«

»Ich brauch keine Zigaretten.«

»Egal. Geh trotzdem. Bitte.«

»Nein, ich geh jetzt nicht. Und wieso überhaupt. Willst du etwa wieder anfangen mit Rauchen? Du hast mir doch versprochen ...«

»Kannst du nicht einfach gehen? Ohne mit mir zu streiten? Einfach gehen und Zigaretten holen.«

»Spinnst du, was redest du denn da?«

»Geh doch bitte einfach mal ins Dorf Zigaretten holen. Und lass dir ruhig Zeit. Ich komm schon klar hier.«

Ein wirtschaftswunderliches Märchen

Es war einmal eine Mutter, die hatte vier Kinder. Nicht, dass sie gehungert hätten. Aber Not war dennoch in allen Ecken. Die Wohnung war eng, die Fahrräder waren rostig, die Schuhe abgewetzt. Lange schon hatte die Mutter nach einer Arbeit gesucht, aber keine bekommen können. Denn im ganzen Königreich herrschten strukturelle Arbeitslosigkeit und Mangel an verantwortungsvollen Teilzeitstellen. Trotzdem lief sie weiter von Tür zu Tür, verkündete überall, dass sie bereit sei, auch schwere Arbeit zu tun, dicke Brote aus heißen Öfen hervorzuholen, große Kissen aus kleinen Fenstern zu schütteln, rote Äpfelchen von grünen Apfelbäumchen zu pflücken. Aber wie viel sie auch jammerte und klagte, ein jeder, den sie um Hilfe bat, rief ihr zu: »Scher dich von dannen, altes Weib, wir haben selbst nicht genug zu tun.«

»Ach, ich Arme, was soll nur aus mir und den Meinen werden?«, sprach sie tagein, tagaus und wälzte sich sogar des Nachts vor Sorgen in ihrem Bette. Doch als die Kinder eines Samstagnachmittags mit ihrem Vater zu einem Waldspaziergang ins städtische Umland aufgebrochen waren und die Mutter daheim über den Online-Jobbörsen verzweifelte, kam ihr mit einem Mal die zündende Idee. Als der nächste Montag anbrach, kaufte sie sogleich von einer fliegenden Händlerin einige wertvolle Sachbüchlein. Und dort fand sie tatsächlich die viel versprechenden Hinweise, dass sich in der heutigen Unternehmensorganisation deutliche neoliberale Veränderungen in Richtung Privatisierung, Dezentralisierung, Outsourcing von Leistungen und Spezialisierung feststellen ließen. Und dass der flexiblere Personaleinsatz auch durch die modernen Informations- und Kommunikationstechniken ermöglicht würde: virtuelle Netzwerke, Telearbeit, Projektarbeit durch Kooperationen mit Freelancern.

Ist dies nicht eine märchenhaft schöne neue Welt, freute sich da die Mutter, da lasse ich mich doch gerne projektbezogen einbinden, werde ein Knoten im virtuellen Netzwerk, integrativer Bestandteil der neuen Marktwirtschaft. Und obendrein sitze ich gemütlich mit den Kindern im Sandkasten in der Nähe des Hot Spot, Handy-Freisprechanlage im Ohr, WLAN-Laptop auf den Knien. Schon sah sich unsere junge Mutter als Vorreiterin einer neuen Arbeits- und Lebenskultur, eines perfekten Brückenschlags zwischen Karriere und Kinderkiegen, als glamouröses Beispiel gekonnter weiblicher Work-Life-Balance im Sinne eines ganzheitlichen dienstleistungsorientierten Feminismus. Ihre Mutterschaft wäre nicht länger ein peinlicher biografischer Makel, sondern eine weitere Qualifikation, ein Leistungsmerkmal, ein emotionaler und sozialer Pluspunkt auf ihrem Soft-Skills-Konto.

Heroische Reden gingen in den folgenden Wochen ihren Taten voraus. »Weg mit den inhaltlich unbefriedigenden Teilzeitstellen, die zu ergattern uns ohnehin nie gelingen wird! Weg mit der Versorgerehe! Weg mit schlechter Steuerklasse und Arbeiten als Hausfrauen-Hobby! Soll sie doch endlich kommen, die flexibilisierte Hyperarbeitsgesellschaft! Das allzeit einsatzbereite Dienen und Leisten haben wir schließlich seit Jahrhunderten im stillen heimischen Kämmerlein erprobt. Selbstausbeutung 24 Stunden am Tag, sieben Tage die Woche – wahrlich, das schrecket uns nimmermehr!«, rief sie den Müttern von Dornröschen, Schneeweißchen und Hänschen klein auf den Spielplätzen ihrer Stadt zu. »Lasset uns die weibliche Selbstständigkeit nicht nur zum privaten Vergnügen, nicht nur als Mittel zum Zwecke schnöden Geldverdienens praktizieren. Lasset uns stattdessen an einer großen Idee, einem gesamtgesellschaftlichen Lösungsansatz mitwirken.«

Alsbald ging sie mit ihren Ideen zu einem gläsernen Schloss, in dem man das Geld anderer Leute in großen Kammern hütete, und bat dort um einen kleinen Kredit. »Wenn Sie mir doch nur 10 000 Goldtaler leihen wollten, so will ich Ihnen bald das Vielfache zurückzahlen.«

Aber die Schatzmeister trauten ihr und ihrem Businessplan nicht und sprachen nur hochnäsig: »Ja, wo sind denn Ihre Sicherheiten?« »Sicherheiten hab ich nicht«, sagte sie, »aber ich verspreche Ihnen den zehnten Teil meiner Erträge.«

»Das reicht uns nicht«, sagten die Schlossangestellten. »Haben Sie sonst nichts zu bieten? Ihren Körper? Ihre Kinder?«

Das war natürlich nur ein blöder Scherz von den Herren Schatzmeistern. Sie aber fand das gar nicht lustig, sondern geriet nun richtig in Wut. Die Haare flogen ihr wild um den Kopf, sie riss sich das Leibchen auf, trat nach ihnen mit dem Fuße und schrie: »Ich halte und halte das nicht länger aus!«

Aber weil die feinen Herren nur noch lauter lachten, packte sie sie zuletzt an den Schultern und warf sie mit aller Kraft gegen die Wand. »Nun werdet ihr Ruhe geben, ihr garstigen Frösche.«

Da lagen sie nun und hielten sich ihre blutenden Scheitel.

Sie aber wies jede Schuld von sich: Die Not habe ihre Faust leider hart und ihr Herz humorlos gemacht. Die Goldtaler ließ man ihr trotzdem nicht zukommen. Nur eine Anzeige wegen Körperverletzung. Ja, so sind die Menschen.

So wanderte sie einige Zeit im Elend herum und geriet endlich in eine Wüstenei, in der die Mieten günstig und die tariflichen Mindestlöhne niedrig waren. »Hier will ich bleiben«, sprach sie, »denn das muss wohl ein aufgegebenes ostdeutsches Gewerbegebiet sein.« Auch fand sie dort hinter einer dornigen Hecke ein kleines leer stehendes Hexenhäuschen, das für die Höhe der Betriebskosten zu pachten war, weil sich der Besitzer durch die Zwischennutzung eine prächtige Wertsteigerung seiner Immobilie erhoffte. Sie mähte das Gestrüpp nieder, entfernte die Spinnweben von den Scheiben und stellte einen Tisch und vier Schemel hinein. Zuletzt klebte sie ein selbst gemaltes Schild an die Tür: »Goldregen – Die Eine-für-Alles-Agentur«.

Zu ihren Kindern daheim sprach sie: »Macht niemandem die Türe auf, vor allem nicht dem großen, bösen Wolf von Arcor. Der will uns nur einen Knebelvertrag aufschwatzen. Öffnet auch nicht dem Gerichtsvollzieher. Und erst recht nicht dem Vorwerk-Vertreter. Die Bösewichte verstellen sich oft, aber an ihren freundlichen Stimmen, ihrem weichen Händedruck und dem feinen Zwirn ihrer Kleidung werdet ihr sie gleich erkennen. Wenn euch hungert, dann kocht euch Spaghetti. Wenn euch dürstet, dann trinkt ein Schlückchen Wasser aus dem Hahne. Und wenn es euch sonst an etwas fehlet, dann klingelt mich auf dem Handy an. Ich aber, liebe Kinder, will hinausgehen in die weite, wilde Welt und sie erobern. Das Baby nehme ich mit, das kann im Büro im Kinderwagen schlafen. Und ihr macht hier keinen Blödsinn, verstanden.«

»Ach, wir versprechen dir alles, was du willst, wenn du

uns nur heute Abend ein paar Nüsse und Zweiglein von deinem Heimweg mitbringst«, sprachen die Kinder zu ihrer Mutter.

»Ihr wollt mich doch verarschen«, rief die erstaunte Mutter aus.

»Nein, nein«, antworteten die Kinder artig, »wir werden schon alles gut machen«, und gaben ihrer Mutter die Hand darauf.

Kaum aber hatte die Mutter das Haus verlassen, lachten die Gören aus vollem Halse und taten natürlich nicht, wie die Mutter ihnen geheißen hatte. Sondern nutzten die Gelegenheit, stundenlang unbeaufsichtigt Fernsehen zu gucken und sich nebenbei noch einen riesigen Berg süßen Griesbreis zu kochen. Weil sie aber nicht wussten, wie schnell Milch überkochen kann, wenn man nicht stetig umrührt, stieg der heiße Brei bald über den Rand hinaus und kochte immerzu, die Küche und das ganze Haus voll und das zweite Haus und die Straße, als wollte er die ganze Welt satt machen. Und wer wieder in die Stadt wollte, der musste sich durchessen. Abends kam die Mutter nach Hause und sprach an der Tür: »Macht mir auf, Kinder, euer liebes Mütterlein ist heimgekommen und hat jedem von euch etwas aus dem Schnäppchenmarkt mitgebracht.«

Als niemand antwortete, befürchtete sie schon das Schlimmste. Dabei lagen ihre Kinder nur zerknirscht in ihren Betten und stellten sich schlafend. Von Stund an gab es nur noch Beeren und Brotkrumen.

Anderntags ging die Mutter wieder in ihr Hexenhäuschen und tat, was Frauen am besten können: dekorieren, kommunizieren, networken, akquirieren. Zunächst, und um die Kundschaft anzulocken, begann sie zu handeln: mit gut erhaltener Second-Hand-Kinderkleidung, ausgefallenem Spielzeug, origineller Bettwäsche. Viel Marktgeschrei und zahlreiche Supersonderangebote begleiteten ihren Geschäftsstart: »Gute Ware, schöne Ware feil, feil! Reparatur, Sonderanfertigung, Einzelstücke, feil, feil!« Ihr guter Geschmack und ihre sensationellen Tiefstpreise sprachen sich bald herum. Auch ihre große Klugheit, denn man konnte bei ihr immer umsonst ein Schwätzchen halten und bekam dazu auch noch einen leckeren Cappuccino und einen knusprigen Keks. Jeden Tag reisten deshalb Damen aus aller Herren Länder zum Hexenhäuschen und wollten bei ihr rote Filzmützchen für ihre Patenkinder kaufen und sich über das übliche Vereinbarkeitsproblem unterhalten.

»Wenn ich nur wüsste, wie pausieren von meinem großartigen Job, gleich würde ich losgehen und ein paar Kinder bekommen«, klagten die Kinderlosen.

»Wenn ich nur wüsste, was tun mit meiner unfreiwilligen Freizeit; ein bisschen würde ich so gerne wieder arbeiten«, klagten die Kinderreichen.

»Wenn ich nur wüsste, wohin am Tage und bei Nacht mit meinem lieben Kind«, klagten die Alleinerziehenden, »gerne wollt ich dann mein Geld selbst verdienen.«

»Wenn ich nur wüsste, wo ein sanftes Weib auf mich wartet«, sprachen die Single-Männer, die sich gelegentlich aus Versehen zu ihr verirrten, weil sie falsch von der Autobahn abgefahren waren, »ich wollte sie gleich heiraten und dann auch ganz bestimmt die halbe Elternzeit übernehmen, wenn sie das wünscht.«

»Ich weiß wahrlich um Ihre Sorgen«, sprach sie zu ihren Kunden, »und ich wünschte wie Sie, wir lebten in einer Zeit, wo das Wünschen noch helfen würde. Aber erlauben Sie dennoch untertänigst, dass ich Sie in meine Kartei aufnehme?«

Viele willigten spontan ein, weil das freundliche Wesen der Second-Hand-Händlerin sie überzeugte. Und natürlich, weil es nichts kostete. Die findige Hexenhaus-Pächterin aber legte sich flugs einen alten Computer zu, lieh sich aus der Bücherei ein Buch über Datenbanken aus und begann, die frommen Wünsche ihrer Kunden zu katalogisieren.

Fortan verdingte sie sich als Kupplerin im Bereich individuell maßgeschneiderter Beschäftigungsverhältnisse. Sie brachte schwangere Abteilungsleiterinnen auf der Suche nach einer verlässlichen Halbjahresvertretung mit hoch qualifizierten Müttern auf der Suche nach einem Wiedereinstieg in den Arbeitsmarkt zusammen, expandierende Mittelständler mit flexiblen Freiberuflerinnen, innovative Start-up-Unternehmerinnen mit risikofreudigen Investoren, arbeitslose Illustratorinnen mit ambitionierten Kinderbuchautorinnen. Sie vermittelte außerdem Hebammen, Tagesmütter, Haushaltshilfen, Erziehungsberaterinnen, Nachhilfelehrerinnen, professionelle Behördengänger, Farb-, Stil- und Einkaufsberaterinnen, Bewerbungscoaches. Und allen, die wollten, bot sie auch noch kostengünstige Park- und Arbeitsplätze in kreativen Bürogemeinschaften direkt bei ihr nebenan im immer voller werdenden Gewerbegebiet an (was sie sich vom dankbaren Vermieter mit den maklerüblichen 2,5 Monatsmieten vergüten ließ).

Unter der Ladentheke betrieb sie außerdem halb heimlich den seriösen Begleitservice »Princess For One Day« für die anspruchsvolle Akademikerin. Und die kleine, aber qualitativ hochwertige Partnerbörse »I Love Holzfäller« für ungefähr die gleiche Zielgruppe. Aus beiden Tätigkeiten erwuchs nach nicht allzu langer Zeit auch noch eine Mitfahr- und Mitwohn-Zentrale, eine auf exotisch-folkloristische Hochzeiten spezialisierte Wedding-Planner-Firma, ein Umzugsunternehmen mit angegliederter Relocation-Agentur, ein Schlüsseldienst für hochbegabte, aber hochvergessliche Schlüsselkinder und ein »Sorglos-geschieden«-Service. Kein

Dienstleistungssektor ward ihr fremd. »Was ist Ihr Begehr?«, fragte sie beherzt ihre Besucher. »Wir machen alles möglich.« Die hab ich, dachte sie für sich, die sollen mir nicht wieder entwischen. Das wird ein guter Bissen werden. Aber sie meinte das natürlich nicht wörtlich. Und auch nicht böse. Nur rein umsatzorientiert.

Sie selbst kannte bald keine Freizeit mehr und keinen bezahlten Urlaub. Keine Arbeitslosenversicherung und keine Lohnfortzahlung im Krankheitsfall. Denn anfangs musste sie allein alle Arbeit tun. Das Telefon klingelte tausendmal am Tage, und des Nachts beantwortete sie einhändig ungefähr eine Million E-Mails, während sie mit der anderen Hand ihr zahnendes Baby wiegte. Weil sie aber leicht und behände war und Schlafentzug gewöhnt, fühlte sie keine Müdigkeit. Und schon ehe das erste Jahr um war, reichte das Geld für ein bronzenes Türschild und eine Visitenkarte. Nach dem zweiten Jahr konnte sie sich die ersten 400-Euro-Jobber leisten. Und nach dem dritten Jahr hatten alle Sorgen ein Ende. Die Agentur lief so gut, dass die Sonne selbst sich verwunderte, sooft sie ihr und ihren Mitarbeiterinnen ins Gesicht schien.

Da band sie sich eines Tages einen strassbesetzten Gürtel um den Leib und schminkte sich die Lippen in kämpferischem Rot. »Wohin des Wegs, liebe Frau?«, fragten ihre Angestellten.

»Ach«, sagte die Chefin, »es ist doch zu übel, hier immer in dem alten Pott zu wohnen, der stinkt und ist so eklig. Auch ist die Werkstätte zu klein für uns und unsere Tapferkeit geworden. Wir müssen das Ding jetzt mal ein bisschen globaler aufziehen. Ihr wisst schon: Consulting in Sachen Gender Mainstreaming, Jobsharingmodellentwicklung fürs Spitzenmanagement, Personalführung, Headhunting und so weiter. Deshalb werde ich jetzt erst mal losgehen und uns Downtown eine angemessenere Bleibe suchen.«

Und tatsächlich fand sie ein hoch gelegenes Büroloft mit repräsentativem Dachgarten, der voll der schönsten Blumen und Kräuter stand. Aus den bodentiefen Fenstern des Lofts konnte man außerdem das herrliche Land mit all seinen Flüssen, Hügeln und Hochhäusern vor sich liegen sehen. Da wackelte ihr Herz vor Freude wie Lämmerschwänze und sie sprach: »Ich bin lüstern und empfinde das größte Verlangen, mich hier einzumieten.« Auf dem Rückweg kam sie dann auch noch zufällig an dem gläsernen Schlosse vorbei, wo man sie damals so schimpflich behandelt und ihr jede monetäre Hilfe versagt hatte. Da ging sie hoch erhobenen Hauptes hinein und verlangte, unverzüglich die Herren Schatzmeister zu sehen. Sie habe mit denen noch ein Hühnchen zu rupfen. Und wie sie stolz mit ihren Absätzen die Gänge entlangklackerte, da raunten die Empfangsdamen hinter ihr her: »Seht her, das ist eine Frau, welche die alteingesessenen Beraterbonzen das Fürchten lehrt. Sie residiert ja jetzt, so hat man es jedenfalls läuten hören, hier gegenüber in dem stählernen Neubau. Da, wo die schönen Ranunkeln auf dem Dach wachsen. Wir könnten an ihren Firmengewinnen prozentual beteiligt sein, wenn es damals nicht zu einer derart kurzsichtigen Fehlentscheidung bei der Kreditvergabe gekommen wäre.«

Als die Schatzmeister das hörten, schrien sie voller Wut und stampften mit ihren Füßen vor Zorn so fest auf die Erde, dass sie sich an dem Parkettfußboden die Knöchel verstauchten.

»Ja«, sprach die Kupplerin. »Sie tun recht daran, sich gründlich schwarzzuärgern. Ich an Ihrer Stelle packte jetzt meinen linken Fuß mit beiden Händen und riss mich selbst mitten entzwei.«

So gingen die Jahre ins Land und ihre Geschäftstüchtigkeit kannte keine Grenzen. Immer wieder sandte sie ihre Spione, bestens getarnt als träge, schwangere Muttimonster, in große Firmen und auf kleine Spielplätze aus. Sie hatten den Auftrag, der weiblichen Hälfte des Volkes aufs Maul zu schauen und auszukundschaften, wo und wie sie sich einerseits gerne in den Arbeitsmarkt einbringen würde und für welche Serviceangebote sie andererseits bereit wäre, Geld auszugeben. Dabei entdeckte sie bald diverse desaströse Zustände, die dem Land jährlich nicht weniger als einen Nettoverlust von 615 Milliarden Euro bescherten: die tägliche systematische Lebens- und Arbeitszeitverschwendung von Müttern und anderen Menschen. Im Wartezimmer des Kinderarztes, auf den Fluren der städtischen Kindergartenplatz-Genehmigungsstelle, an Bushaltestellen, beim Einwohnermeldeamt, in der kilometerlangen Schlange vor dem DB-Reisecenter usw. Aus der Not machte sie erst eine Marktlücke und bald ihre erste Million: Sie entwickelte und vertrieb Software, die es noch dem chaotischsten Medizinmann mit den dümmsten Sprechstundenhilfen erlaubte, die Verweildauer im Wartezimmer konstant unter 15 Minuten zu halten. Sie gründete ein Bus-on-demand-Unternehmen, das wartende Fahrgäste in Sekundenschnelle via Satellit orten konnte. Sie erfand die Click-in-or-Drive-through-Super-Behörde, bei der man von der Geburtsurkunde bis zum polizeilichen Führungszeugnis alles in Sekundenschnelle online oder im Vorbeifahren beantragen konnte. Die amtlichen Dokumente bekam man dann selbstverständlich ohne Aufpreis binnen 24 Stunden zugestellt. Über ihre Erfolge schrieb sie in einer halbstündigen Mittagspause noch schnell das Buch *Hate to wait. Wie ich überflüssiges Warten überflüssig machte, damit Millionen ungeduldiger Menschen glücklich und mich selbst steinreich*, womit sie dann wiederum noch steinreicher und natürlich von Marietta Slomka in den Abendnachrichten zitiert wurde.

Im zwanzigsten Jahr ihrer Firmengründung veranstaltete

sie ein großes Fest, zu dem sie alle ihre Angestellten, Freunde und Bekannten einlud. Sie hatte aber nur Platz für 1299 Gäste, deshalb musste so mancher zu Hause bleiben. Das Fest ward dann auch in aller Pracht gefeiert, als kurz vor Mitternacht, man wollte gerade das prunkvolle 50 000-Euro-Feuerwerk zünden, eine der Nicht-Geladenen dennoch zur Türe hereingerauscht kam und sogleich bittere Flüche ins Mikrofon stieß. »Warum darf ich hier nicht mitmachen? Ich habe mich schon drei Mal beworben und nie wurde ich eingestellt! Meint ihr, ihr seid was Besseres? Aber wartet ab, bis morgen die Post zugestellt wird. Ja, verklagt hab ich diese Firma vor dem Arbeitsgericht, und eher steche ich mich an einer Spindel und falle tot um, als dass ich diesen Prozess nicht bis zum bitteren Ende durchfechte. Soll die Welt doch mal erfahren, was das hier in Wahrheit für ein verbrecherischer Haufen ist.«

Und dabei sah sie die Gastgeberin so recht grausig an, dass diese trotz ihres leichten Champagnerrausches ein Schauder überlief.

Vor Gericht konnte die verschmähte Bewerberin tatsächlich nachweisen, dass die Agentur seit Jahren systematisch vor allem gebärfreudige Frauen eingestellt hatte. Was natürlich ihr und allen anderen Kinderlosen gegenüber auf niederträchtigste Diskriminierung hinauslaufe. Von den vielen armen arbeitssuchenden Männern mal ganz zu schweigen. Die ein karrieregeiler Advokat übrigens gleich alle aufgespürt und zu einer Art genossenschaftlicher Sammelklage überredet hatte. Da konnte die Beklagte lange das Argument anführen, Muttis seien für die ausgeschriebenen Tätigkeiten einfach immer automatisch besser qualifiziert gewesen. Der Richter, gnadenlos, ließ das Argument nicht gelten und verdonnerte die Firma zu 257,6 Trillionen Euro Entschädigungszahlung an die abgelehnten Bewerber.

»Aber, aber«, jammerte die Chefin. »Habe ich nicht alles Menschenmögliche getan, um im Umfeld meines Konzerns auch soziale Verantwortung zu übernehmen? Habe ich nicht Urlaubs- und Weihnachtsgeld wieder flächendeckend eingeführt, Betriebskindergärten gegründet, flexible Arbeitszeitmodelle möglich gemacht? Habe ich nicht vorbildlich mit flachen Hierarchien und eigenständigen Kreativteams gearbeitet? Und habe ich nicht auch jedes Jahr Gewinnüberschüsse in lokale Projekte investiert, in Jugend, Bildung, Forschung, Standortstärkung? Was kann ich denn dafür, dass mich daraufhin die halbe Nation mit ihren Initiativbewerbungen belästigt? Täglich fanden sich doch neue Kisten mit Umschlägen auf meiner Türschwelle ein. Mütter schickten ihre Töchter, Großväter ihre Enkel. Und als die eine von der anderen hörte, wie sie zu der Stelle gekommen war, da wollte sie sich selbst dasselbe Glück verschaffen. So kamen immer mehr und baten um Einlass. Dennoch habe ich niemanden unfreundlich abgewimmelt, sondern sprach allen gut zu, auch denen, die ich nicht nehmen konnte. Und die, die ich dann doch behielt, haben die es nicht immer gut bei mir gehabt? Nie hörten sie ein böses Wort aus meinem Munde und alle Tage gab es ein Lunchbüfett mit Gesottenem und Gebratenem auf Firmenkosten.«

»Apropos«, sprach da der Richter. »Sie müssen gleich noch einmal so viel Strafe bezahlen. Weil nämlich auf den Becherchen, aus denen Ihre Angestellten ihren stets frisch gebrühten und fair gehandelten Kaffee zu trinken bekamen, kein Hinweis auf die Gefahr von Schlaflosigkeit und Zahnvergilbung durch den übermäßigen Verzehr von Koffein aufgedruckt ist.«

»Ja, bin ich denn hier in Amerika?«, klagte die Beklagte.

»Nein, nur im Märchen«, sang da der Chor der Angry-white-men-Geschworenen. Und weil auch dort alles Übel immer auf einmal kommt, statteten ihr in den nächsten Wochen auch noch die fiesen kleinen Männlein vom Finanzamt, vom Gewerbeaufsichtsamt, vom Gesundheits- und Ordnungsamt einen unangemeldeten Besuch im Büroloft ab. Bis auf ein paar falsch abgerechnete Bonus-Flugmeilen, die dubiose Finanzierung einer familiären Silvesterfeier im Adlon, eine nicht offiziell deklarierte 3,5-Millionen-Spende an die Partei der Arbeitsscheuen Anarchistinnen sowie ein großzügiges Spesenkonto für sexsüchtige Betriebsrätinnen konnten sie allerdings nichts Verdächtiges finden.

Dennoch verlor sie durch das richterliche Urteil ihr gesamtes Hab und Gut und musste Insolvenz anmelden. Nicht, dass es ihr jetzt wieder schlecht ergangen wäre, denn schließlich war sie längst berühmt. Und den Berühmten wird immer von irgendwem irgendwas angeboten – und sei es eine eigene Talkshow. Tatsächlich kamen auch schon bald Wagen vorgefahren, mit weißen Pferden bespannt, die hatten weiße Straußenfedern auf dem Kopf und hingen in goldenen Ketten, und auf dem Kutschbock saßen die Diener der Medienzare. Trotzdem stieg sie nicht ein, sondern wies einen nach dem anderen ab und trieb noch dazu ihren Spott mit ihnen: »Sagt euren Herren, ich stehe für seichte TV-Formate nicht zur Verfügung. Und für eine arrangierte Promi-Liaison schon gar nicht – falls ihr Begehr eher in diese Richtung geht. Und wenn ihr nach meinen Plänen fragt, so höret dies: Ich werde mich jetzt in mein sonnendurchflutetes, efeuberanktes und von einem parkgroßen Gartenanwesen umgebenes Bauernhaus in der Uckermark zurückziehen, das ich zum Glück beizeiten meinen Kindern überschrieben habe. Und dort werde ich meinen Garten bestellen, Rosen züchten, Kartoffeln ziehen und in den Schulferien meine sieben süßen Enkel hüten. Winters werde ich mit ihnen schneebedeckte Hügel hinunterrennen. Und sommers lasse ich sie nackt im Planschbecken planschen. Und ich sage euch noch was, das ihr allen Menschen weitersagen und in jedes Haus hineinrufen dürft: So verdammt glücklich wie mich gibt es keinen anderen Menschen unter der Sonne.«

Und dann kehrte sie leichten Herzens und frei von aller Last zu den Ihrigen nach Hause zurück.

Danke

zuerst einmal dir, Volker, du weißt ja, wofür. Danke Holger Kuntze, der mich meiner großartigen Agentin Annette C. Anton vorgestellt hat. Danke Annette! Danke auch meiner begeisterungsfähigen Lektorin Bettina Eltner. Und danke dem ganzen engagierten Marion von Schröder-Team.

Vor allem aber: Danke meinen Töchtern Ida und Alma, danke meinem Geliebten Gunnar, danke der weltbesten »Omi«, dem weltbesten »Opi«, danke meinen schlauen Geschwistern, danke meinen spitzzüngigen Freundinnen und meinen herzensguten Freunden, danke meinen umsichtigen Hebammen, danke meinen bastelwütigen Babysittern. Und danke natürlich auch dem ganzen Rest meiner gefühlten Großfamilie.

Ohne euch alle gäbe es dieses Buch nicht.